U0105528

一帶一路研究叢刊

中國和哈薩克斯坦

的·故·事

周曉沛 主編

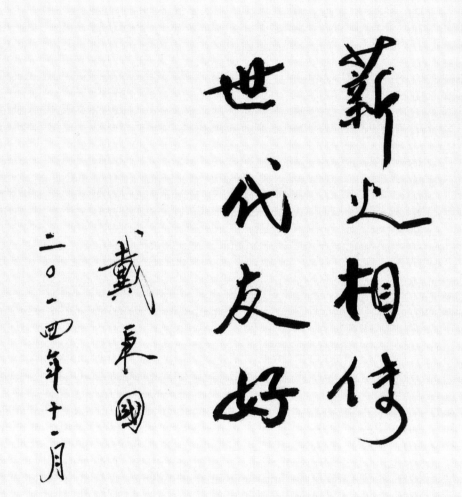

薪火相傳
世代友好

戴東國

二〇二四年十二月

序

中華人民共和國在世界外交坐標體系中占據特殊地位。它是世界第一人口大國（13.6億），國土面積居世界第三位。中國是聯合國安理會常任理事國，是世界「核俱樂部」的一員，也是一個航天大國。

中國走上改革之路後，連續三十年保持著令人印象深刻的發展速度，年均增長約百分之十，已成為世界第二大經濟體。今天，中國大部分工業產品產量均居世界前列。它是最主要的原材料消費國之一，同時也是世界最大的出口國，這一事實體現了中國在國際市場上的作用。中國有世界最大的外匯儲備，這使其能夠實施積極的對外投資政策。

在我們國家，人們對這位偉大的東方鄰居十分尊敬。兩國人民有數千年的交往史。自古以來，堪稱人類歷史上非凡奇蹟的「絲綢之路」就穿過現今哈薩克斯坦境內。西元前後，「絲綢之路」作為一條貿易通道，實際上成為將東西方人類文明連接起來的第一個「全球性工程」。從中國到地中海長達一萬二千八百公里的「絲綢之路」，不僅用於貿易往來，而且伴隨著地理發現、知識和技術交流，以及文化和宗教交往的積極進程。「絲綢之路」對現代哈薩克斯坦的國家團結也產生了積極影響。

在多民族的中國，也居住著哈薩克族人，這表明我們兩國人民的命運是交織在一起的。中國有約一百五十萬哈薩克族人，他們都是中華人民共和國公民，同時能夠保持和發展自己

獨特的文化和語言，與其他民族一起為當代中國的強盛貢獻力量。

哈薩克斯坦自一九九一年十二月獨立以來，逐步建立起系統的對華關係法律基礎。

一九九二年一月三日，哈薩克斯坦共和國與中國建立外交關係。哈薩克斯坦在北京設立了大使館，後來又開設了駐香港和上海總領事館，以及烏魯木齊簽證處。中國在阿斯塔納設有大使館，在阿拉木圖設有總領事館。

在充分遵守國際法和基於歷史公正的基礎上，我們兩國解決了所有邊界問題，將近一千七百四十公里的邊界以法律形式固定下來並實地勘定。哈薩克斯坦放棄蘇聯核遺產後，中國於一九九五年二月向我國提供了安全保障。一九九一年，哈薩克斯坦總統納扎爾巴耶夫宣布關閉塞米巴拉金斯克核試驗場。作為回應，中國於一九九六年採取友好舉動，宣布暫停在羅布泊試驗場的核試驗。

二〇〇二年十二月，哈中簽署睦鄰友好合作條約，這對加強雙方互信具有重要意義。二〇〇五年，哈中簽署關於建立和發展戰略夥伴關係的聯合聲明，兩國關係提升到更高的合作水平。為深化哈中戰略夥伴關係，雙方於二〇一一年六月發表聯合聲明，其中載入了二十一世紀雙邊合作的基本原則和目標。

哈中領導人之間進行的信任對話，對加強兩國間合作發揮了關鍵作用。早在蘇聯解體之前，哈薩克斯坦總統納扎爾巴耶夫就開始與中國建立關係。他於一九九一年七月訪問北京，其間表示，哈薩克斯坦願與中國發展經濟和政治領域的睦鄰關係。自那時起，哈中舉行了近五十次元首會晤，這充分體現了

我們兩國之間合作的蓬勃發展。

哈中兩國定期開展政府間和議會間交往。雙方在這些交往中解決經濟合作中的實際問題，形成以立法手段支持具體合作的途徑。

在新的地緣政治條件下，維護和平與安全問題具有特殊的現實意義，而哈中為此作出了顯著貢獻。本地區的安全是兩國順利實現經濟發展的重要基礎。

哈薩克斯坦感謝中國對哈方有關亞洲相互協作與信任措施會議（CICA）倡議給予的有力支持。該論壇已成為國際政治中一個具有影響力的因素，二○一四年在上海成功舉辦亞信峰會就是很好的證明。二十六個國家的元首和政府首腦，以及包括聯合國秘書長在內的主要國際組織領導人與會。今天，亞信涵蓋了亞洲百分之九十以上的土地和三十五億多人口，占全球人口數量的一半。毫無疑問，中國擔任亞信二○一四至二○一六年主席國，將極大地提高該論壇在國際舞台上的威望。

哈中還在上海合作組織框架內開展密切合作。該組織有自己獨特的議程，包括安全、經濟和人文合作，潛力巨大。印度、巴基斯坦和伊朗等亞洲大國都謀求加入上海合作組織即證明了這一點。上海合作組織打擊「三股勢力」（恐怖主義、分裂主義、極端主義）具有特殊意義，這完全符合我們在維護安全領域的共同利益。

中國的宗教團體代表定期參加哈薩克斯坦發起的世界與傳統宗教領袖大會，該大會已成為文明間和宗教間對話的有效機制。

我們兩國在聯合國的合作也體現了高水平的相互理解和支持。

哈中經濟合作發展迅速。一九九二年，兩國貿易額僅一點零四億美元；二〇一四年已達一百七十二億美元，增加到原來的一百六十五倍。而據中方統計，二〇一三年雙方貿易額達二百二十四億美元！按照兩國元首達成的協議，哈中擬在近期內將貿易額提升到四百億美元。

在過去的三年裡，哈中簽署了五十九份經濟合作協議，總價值達五百四十億美元。哈薩克斯坦正在開展交通物流、油氣、能源和農業等領域的對華合作項目，並參與建立擁有一千億美元資本的亞洲基礎設施投資銀行（AIIB）。

哈中正在共同參與落實「絲綢之路經濟帶」戰略，這將為兩國經濟合作邁上新高度發揮重要作用。中國國家主席習近平二〇一三年九月訪問哈薩克斯坦期間提出的這一戰略，對哈薩克斯坦來說至關重要。這是因為，哈薩克斯坦是世界最大的內陸國，位於歐亞大陸中心，具有有利的地緣戰略位置。此外，中國的這一倡議對於加強哈薩克斯坦作為連接歐亞大陸西部和東部、南部和北部過境走廊的戰略地位具有特殊意義。

歐亞經濟聯盟和中國的「絲綢之路經濟帶」這兩大戰略對接合作尤其有利並具有戰略意義。如果這一倡議得以順利落實，將形成規模空前、潛力無限的經貿空間，為兩國帶來福祉。

這種經濟合作潛力的一個典型例證是正在建設的西歐——中國西部國際公路。它全長八千四百四十五公里，其中經過哈薩克斯坦的部分有二千七百八十七公里。歐亞大通道框架內鐵

路網的發展是另一個典型例證。至二○二○年，西歐—中國西部鐵路和公路將運輸近三點三億噸貨物。

以最短的路徑經由哈薩克斯坦連接中國與裡海和波斯灣地區的新鐵路線正在開闢廣闊的經濟前景。

哈薩克斯坦計劃建設通往歐洲、中國和印度洋沿岸國家的橫貫大陸的多式聯運高速走廊，其投入運營可以帶來區域間貿易的顯著增長。這一項目未來可能成為最熱門的世界經濟項目之一。

二○一四年，哈薩克斯坦總統納扎爾巴耶夫提出「光明大道」新經濟方針，其中包括以基礎設施項目改造和發展為重點的反危機措施，這與建設「絲綢之路經濟帶」的倡議不謀而合。「光明大道」規劃將使哈薩克斯坦成為歐亞地區關鍵的交通和物流樞紐，橫貫東西，連接南北。

哈中經濟合作的其他方向也具有重大實際意義。

我們正繼續發展能源領域的互利合作項目。中國石油天然氣集團公司、中信集團公司等大型中國企業在哈薩克斯坦順利開展業務，並正在研究在能源服務和配件生產方面建立合資企業的項目。

二○○三至二○一三年間，哈中建立起長達二千八百三十五公里的管道系統。二○一四年，哈薩克斯坦沿這一管道系統向中國市場供應了一千二百萬噸石油，並正在努力將供油量提高到每年二千萬噸。我國成為中國市場十大主要供油國之一。哈薩克斯坦也是中亞天然氣管道的樞紐，為向中國和俄羅斯供應土庫曼斯坦和烏茲別克斯坦的天然氣提供過境運輸服務。二○一四年，我國的天然氣國際中轉量達到九百一十億立方米，

其中一半以上輸往中國。

　　哈中投資合作順利開展。對這一領域的興趣是可想而知的，因為哈薩克斯坦自然資源儲量位居世界第六，有五千零四個已探明礦床，預計價值約為四十六萬億美元。

　　中國是哈薩克斯坦經濟最大的外資來源國之一。截至二〇一四年中，中國在哈薩克斯坦的投資總額為一百八十九億美元，而哈薩克斯坦在中國的投資總額為二十七億美元。兩國在世界各國投資吸引力排名中都處於領先地位，這為雙方進一步開展投資合作開闢了良好前景。同時，中國企業不僅願意投資，而且還願意提供對我們工農業現代化來說必不可少的技術，這對哈薩克斯坦尤為寶貴。

　　哈中在文化和人文領域的合作卓有成效。目前，大約有一萬一千名哈薩克斯坦公民在中國高校接受教育。兩國間學者、大學生和教師交流密切。哈薩克斯坦開設了孔子學院，漢語在哈薩克斯坦年輕人中越來越受歡迎，包括哈薩克斯坦重點大學在內的一系列高等學府教授中文。二〇一四年九月，中國在哈薩克斯坦舉辦「中國文化週」活動，延續了人文領域的良好傳統。

　　今天，哈薩克斯坦已經確立新的目標——進入世界最發達的三十個國家之列。我們追尋宏偉目標遵循的藍圖是：哈薩克斯坦共和國二〇五〇年發展戰略、「光明大道」新經濟政策以及國家計劃，其中包括旨在實施五項制度性改革的一百項具體舉措。這些文件的實質是確保國家經濟、政治和社會的可持續發展，把哈薩克斯坦建設成為繁榮、富強、民主的國家。我們相信，落實上述計劃完全符合哈薩克斯坦和中國的利益。

我們為我們偉大鄰邦取得的成就感到由衷的高興，並願在平等互利的戰略夥伴關係基礎上繼續開展互利合作。哈中兩國在短短的歷史時期內建立起了國家間關係的典範。雙方的友誼日益牢固，我們對兩國人民之間關係的未來充滿信心。

　　周曉沛大使是中國傑出的外交官，也是我的朋友。他領銜編寫這本書，我對此十分支持。我相信，廣大讀者將從中獲得關於我們兩個友好國家及其合作的有益信息。周曉沛大使以及中國其他前駐哈薩克斯坦大使為發展兩國友好合作作出了重要貢獻，哈薩克斯坦為此真誠地感謝他們。本書是我們兩國人民之間友誼的鮮明體現。

卡·托卡耶夫

哈薩克斯坦共和國議會上院議長

目　錄

記憶篇

友誼 篇

遠親不如近鄰

謝爾蓋・捷列先科

（哈薩克斯坦前總理）

　　哈薩克斯坦和中國是好鄰居、好朋友。無論在政府和外交場合，還是在日常生活中商人、朋友見面時，經常能聽到這樣的話。

　　我感到自豪的是，從我國主權獨立之初，我就參與了哈中兩國友好關係的形成和發展過程，而且，如今仍然堅持不懈地在繼續做這件事。

　　在這一篇幅不長的文章裡，我將力求講述幾個故事，同時想感謝我的老朋友——中國駐哈薩克斯坦前大使周曉沛，是他提出讓我撰寫有關哈中友誼的文章，並在如此精彩的文集裡發表。

開啟鐵路絲綢之路

　　一九九一年十二月十六日，哈薩克斯坦實際上是原蘇聯加盟共和國中最後一個宣布主權獨立的。中華人民共和國是世界上最早承認哈薩克斯坦主權，並提議建立外交關係的國家之一。早在一九九二年二月，應中華人民共和國國務院總理李鵬邀請，我率哈薩克斯坦政府代表團對中國進行了正式

一九九二年六月，烏魯木齊至阿拉木圖國際列車開通。

訪問。

在此之前，我與中國已經有了初步的接觸。經德魯日巴（友誼）站連接土西和新疆鐵路的支線已經關閉了二十多年，納扎爾巴耶夫總統向蘇聯總統戈爾巴喬夫建議，恢復與中國談判並開通這條鐵路支線。談判很順利，雙方同意於一九九一年底開通。但八月蘇聯發生政變，並逐漸走向解體。

這期間，哈薩克斯坦政府採取主動，並完成了這項工作。十一月，為了開通線路，我率政府代表團乘專列駛往邊境。一路上，我們在幾個車站和會讓站停留的時候，受到了許多人的歡迎。大家都非常高興，因為他們清楚，隨著鐵路的開通，他們會找到穩定的工作。

專列駛近國界，迎接我們的是由新疆維吾爾自

治區政府主席率領的龐大代表團。我們共同釘入銀質的鐵路道釘，連接就此完成。然後，我們的專列駛入聚集著幾千人的阿拉山口站，他們很真誠地歡迎我們。在這裡，我們舉行了哈中鐵路開通慶祝大會。隨後，中國東道主邀請我們參加節日盛宴，從此我知道了什麼叫中國的「乾杯」。

從那時起，這個邊境火車站就被稱為「多斯特克—阿拉山口站」，並且運轉非常順利。哈中兩國在國界兩邊建造了很多居民樓和各種工業、交通設施，數以千計的民眾得到了穩定的工作。每年通過這個站點的貨運量達一千五百萬噸。二〇一三年，又開通了西安至阿拉木圖的「長安」號高速載貨列車，線路全長三千二百六十七公里，全程歷時七十六小時。

就這樣，哈中兩國開啟了鐵路絲綢之路。

奠定兩國關係

正如上面所提到的，一九九二年二月十四日，我率政府代表團乘機抵達中華人民共和國。當時隨行的有幾位部長、幾乎所有的州長以及我的助手。在機場，我們受到中國同志的熱烈歡迎，他們陪同我們前往釣魚台國賓館。北京城以其宏大的規模震撼了我們，當時的北京人口接近一千七百萬，這相當於哈薩克斯坦全國的人口數量。

訪問是以最高規格來安排的，我們的代表團受

一九九二年二月，江澤民總書記會見來訪的哈薩克斯坦總理捷列先科。

到了國賓級的禮遇。

在人民大會堂，我與中國國務院總理李鵬一起檢閱了儀仗隊，並會見了所有國家高層領導人。訪問結束時，雙方簽署了十多項有關不同領域的合作協定，如「發展雙邊貿易」、「開通北京和阿拉木圖直達航班」、「發展哈薩克斯坦和中國鐵路運輸」等。中華人民共和國事實上已承認了哈薩克斯坦的主權，並且表明準備同我們這個年輕國家開展全方位合作。

在過去的十幾年裡，哈中兩國已經成為緊密的經濟夥伴。簡單列舉一下，比如雙邊貿易額接近四百億美元，文化聯繫加深，旅遊業在發展，在許多經濟領域建立了大量的合資合作企業。

蘇聯時期幾十年都未曾解決的邊界問題，現在都已經全部解決。

就這樣，我們與中華人民共和國的友好關係
有了良好的開端。

建立黨際聯繫

一九九九年二月，在例行的總統選舉之後，根
據支持納扎爾巴耶夫的競選總部的倡議，成立了
「祖國黨」，納扎爾巴耶夫總統被選為黨主席。

依據憲法，現任總統不能行使黨主席的職責，
所以納扎爾巴耶夫總統委託我代行「祖國黨」主席
職責。在章程裡，我們黨宣布贊同社會民主思想。
在履行所有的組織程序之後，我們開始建立國際聯
繫。在宣布我們的政黨成立後，我們第一時間收到
了中國共產黨的祝賀。在回信中，我們感謝他們真
誠的祝賀，並提出與中國共產黨合作的建議。我們
很快收到中共中央對外聯絡部部長戴秉國同志的回
信，告知中共領導人邀請「祖國黨」領導人訪華，

二〇〇一年九月，中
聯部部長戴秉國會見
哈薩克斯坦「祖國黨」
代主席捷列先科。

以便了解並探討合做事宜。

「祖國黨」組成了以我為團長的代表團，團員包括副主席杜納耶夫、阿拉木圖市市長布肯諾夫和東哈薩克斯坦州、南哈薩克斯坦州、卡拉干達州委負責人等。二〇〇一年九月，代表團從阿拉木圖乘坐哈薩克斯坦國際航空公司的航班飛往北京，在機場受到了中國同志、捧著花束的姑娘和哈薩克斯坦駐華大使蘇爾丹諾夫的熱烈歡迎。在車隊的護送下，我們下榻北京當時最好的酒店之一——國際飯店。沿途和我們所住的酒店門前，都懸掛著歡迎我們代表團來訪的標語，這讓我們非常感動。中共領導人對我們這個年輕政黨表現出了莫大的重視和尊重。

第二天，中國共產黨中央委員會總書記、中華人民共和國主席江澤民在中南海接見了我，談話進行了約四十分鐘。在親切友好的氣氛中，江主席詢問了擺在我們黨面前的任務有哪些、國家的局勢如何、國民生活怎樣。江主席對努爾蘇丹・阿比舍維奇・納扎爾巴耶夫總統很親切，稱他為自己的好朋友，讓我轉達問候。後來，我還在其他場合兩次遇見江澤民主席，他對我們哈薩克斯坦共和國總是很關心。

我們進行了富有建設性的會談，簽署了有關相互合作的協定。之後，中聯部部長戴秉國以中共領導人的名義在全聚德烤鴨店宴請了我們。代表團的許多成員是第一次品嚐各式各樣的中國菜，他們都

很喜歡。

北京的會談結束後，我們一行訪問了成都和青島，參觀了生產電子產品的日本夏普公司、著名的青島啤酒廠和生產各類冰箱、空調的海爾公司。我們此行調研了合資企業和大型工業企業基層黨組織的工作經驗。我們代表團所到之處，都受到了熱情接待，中方開誠布公地分享經驗，不迴避存在的困難，我們從中受益匪淺。在成都，我們參觀了世界園林博覽會，觀賞了稀有植物和可愛的熊貓。

哈薩克斯坦與中國執政黨的黨際聯繫就這樣確立了，並且一直保持著良好的發展勢頭。

創立「亞洲達沃斯」

二〇〇〇年夏，托卡耶夫副總理率哈薩克斯坦代表團訪問了上海和香港，我是代表團成員之一。負責我此行的是使館貿易代表別克別爾根諾夫・薩登汗，他也是我南哈州的老鄉。薩登汗在中國工作多年，精通中國的歷史、風俗習慣和飲食，熟練掌握漢語和英語。沒過多久，他就給我打電話，說菲律賓前總統菲德爾・拉莫斯、澳大利亞前總理鮑勃・霍克、日本前首相中曾根康弘和中國全國政協副主席陳錦華致函時任中國國家主席江澤民，提議在亞洲成立類似瑞士達沃斯模式的論壇，並獲得贊同。薩登汗說，有關方面正在組建籌委會，他們希望我也能加入。我就答應了下來。

二〇一四年十月二十九日,習近平主席在北京人民大會堂會見博鰲亞洲論壇理事會成員(左1為論壇諮詢委員捷列先科)。

過了一段時間,我接到了參加二〇〇一年二月在海南舉行的理事會籌備會的邀請。會議地點是博鰲小漁村的金雉賓館。此次與會的有二十六個亞洲國家的三十六名代表,包括智庫、前總統、前總理和知名企業家。江澤民主席出席會議並致辭。籌備會確認了代表資格,通過了章程,選舉了理事,推選菲律賓前總統拉莫斯為理事長,同時選舉了秘書長。理事會由包括我在內的九人組成。

記得那天在工作晚宴的小音樂會上,江澤民主席即興拿起話筒獻上一首中國歌,然後唱起了俄語歌《莫斯科郊外的晚上》,我和薩登汗上前為他伴唱。唱完後,江主席對我們表示了衷心的感謝。隨後,澳大利亞前總理霍克演唱了《伐木工之歌》,

大家度過了一個美好而難忘的夜晚。

　　博鰲亞洲論壇就這樣成立了，現已成為世界級論壇，每年三到四月分舉行年會，世界各國政要、大型跨國公司負責人、大眾傳媒等高層紛紛前來參會。論壇通常討論與人類利益密切相關的問題，為各國經濟戰略提供諮詢建議。按照慣例，中國領導人會在每屆論壇上進行主題演講，而博鰲這個小漁村也發展成了知名的療養勝地，海南島也因此享有盛名。

　　二〇一五年博鰲論壇年會於三月二十六日至二十九日舉行，中國國家主席習近平在開幕式上發表了綱領性的講話。

共建「一帶一路」

　　在二〇〇五年四月博鰲論壇年會召開期間，論壇研究院執行院長鐘長鳴介紹我認識了時任西安市委書記袁純清。他告訴我，秋天將在西安籌辦歐亞經濟論壇，並邀請我參加。我很愉快地答應了。

　　為促進區域合作、加強亞洲國家相互協作，上海合作組織秘書處、中國國家開發銀行和博鰲亞洲論壇通過決議，創建歐亞經濟論壇。九月，我收到了出席首屆論壇的邀請。十一月十日，首屆論壇在美麗的皇城公園大唐芙蓉園舉行，吳邦國委員長出席論壇並致辭。會議期間，我被推選為論壇籌備委員會主任委員，我的老朋友、中國駐哈薩克斯坦首

二〇〇九年十一月，時任中國國家副主席習近平出席歐亞經濟論壇期間，與論壇籌備人員合影（前排右4為捷列先科）。

任大使張德廣先生被推選為論壇秘書長。晚上，主辦方為與會嘉賓舉辦了盛大的招待會，隨後在湖面上播放了主題為「盛世大唐」的水幕電影。這給我們留下了不可磨滅的印象，甚至現在回想起來，許多畫面還歷歷在目。

在兩河交匯、美麗如畫的滻灞生態區，西安市政府在短時間內建成了功能齊全的凱賓斯基會議中心，並將其定為歐亞經濟論壇永久舉辦地。在這裡，能夠舉辦歐亞經濟論壇以及其他國際性會議。如今論壇已經舉辦過五屆，每兩年一屆。

二〇〇九年，時任中國國家副主席習近平出席了歐亞經濟論壇並致辭。他在那時就提出了復興「絲綢之路」的任務，因為西安是古絲綢之路的起點，同時陝西省也是習近平的家鄉。

二〇一三年九月，習近平主席出訪中亞期間，

在哈薩克斯坦首都阿斯塔納的納扎爾巴耶夫大學演講時，提出了建設「絲綢之路經濟帶」的倡議。這一倡議得到了哈薩克斯坦總統納扎爾巴耶夫的熱烈支持。如今，這一倡議已經獲得「絲綢之路」沿線大部分國家領導人的支持。

歷經兩千年滄桑，這條古老的絲綢之路被賦予了新的內涵。這是一條通往共同發展、共同繁榮、合作共贏之路，是一條相互理解、相互信任、多元協作與和平友誼之路！

二〇一五年九月二十四日至二十六日，第六屆歐亞經濟論壇將舉行。屆時來自亞洲、歐洲、非洲國家的逾二千位來賓將匯聚西安，共同探討落實「一帶一路」構想的具體方案。

以上只是我多次中國之行中的幾個小片段。我非常喜歡這個國家，發自內心地尊重善良、慷慨和大度的中國人民。我有許多中國朋友，我祝願所有朋友和這本文集的讀者們健康長壽、家庭和睦！祝願中國繁榮富強！

結緣哈薩克斯坦

張德廣

（中國首任駐哈薩克斯坦大使，原外交部副部長）

一九九二年二月初，我從華盛頓奉調回國。此前，我在駐美國使館工作五年，研究、觀察蘇美關係和蘇聯東歐地區形勢。回到北京，幹部部門通知我準備到蘇聯解體後中亞新獨立的國家哈薩克斯坦工作。從此，我與這個神祕的「雄鷹之國」結下了不解之緣。

我從事外交工作幾十年，首次被國家主席任命為特命全權大使，感到自豪和榮幸，同時也深知責任重大。由於從未到過哈薩克斯坦，我開始認真做各種準備，廢寢忘食地查閱資料，了解中亞和哈國的歷史、政治、經濟、文化、宗教等情況。

我特別注意蒐集有關納扎爾巴耶夫總統的資料。我了解到：他生於一九四〇年七月，曾經做過鋼鐵工人，喜歡騎馬、摔跤，當過蘇聯共產黨政治局委員，曾是哈薩克斯坦共產黨中央第一書記。

一九九二年四月下旬，我經莫斯科轉機，飛抵哈薩克斯坦首都阿拉木圖，入住當時該市唯一的高層建築——哈薩克斯坦酒店。在我到阿拉木圖之前，外交部已派出三人建館先遣組。阿拉木圖處於

地震多髮帶上，據說這家酒店是防八級地震的建築結構，建築物頂部安全擺動幅度為三至四米。到阿市後沒幾天，在去拜訪一位部長的途中，我感到轎車劇烈震顫，司機說這是地震，不要慌。原來這裡常有地震，當地人習以為常。

我是第二個向納扎爾巴耶夫總統遞交國書的大使（第一個是土耳其大使，他比我先到任）。哈薩克斯坦宣布獨立後，土耳其、美國、俄羅斯和中國是最先向阿拉木圖派人設立大使館的國家。記得遞交國書儀式完畢之後，納扎爾巴耶夫與我及陪同人員短暫交談。他說話思路敏捷、清晰，握手有力，目光炯炯。談到蘇聯解體，他說，在俄羅斯、烏克蘭、白俄羅斯宣布成立獨聯體之後，事態已無法控制，哈薩克斯坦別無選擇，只能宣布獨立。納扎爾巴耶夫表示，與中國發展真誠友好的合

一九九二年六月，張德廣大使與納扎爾巴耶夫總統在總統辦公室合影。

作對建設獨立自主的新哈薩克斯坦至關重要，歡迎中國領導人儘早來訪。

遞交國書之後，我們催促哈外交部儘快為中國大使館尋找一處合適的館舍。由於哈處於建國初期，百廢待興，要找一處合適的房子絕非易事。幾經周折，我們終於在富爾曼諾夫大街選定了一棟六〇年代建的三層樓房。簡單裝修後，我們租了一輛卡車，把東西從酒店搬到這座樓裡，開始掛牌辦公。館舍後院的圍牆殘缺不全，也沒有大門，小區的居民和兒童常常進到院裡溜躂，有的還到樓道裡東張西望。後來，我們修建了圍欄，並請哈方派警察來使館站崗，才解決了問題。

哈國初建，民眾甚至官員尚無獨立國家和外交的意識。我作為大使出行時，轎車插著國旗，路邊常有哈國青年向我的司機提「抗議」，他們大聲喊著：「蘇聯沒有了，怎麼還插著這樣的旗子？」司機探出頭去向他們解釋說，這是中國國旗，車上是中國大使。我還常常遇到哈民眾不知道「大使」是什麼意思，甚至有的官員也不清楚。有一次，我約好去拜會一位部長，我們到達後，部長的秘書說：「等著吧！」結果等了四十分鐘也沒人理睬我們，最終也沒見成這位部長。後來，我見到納扎爾巴耶夫總統時提及此事，他說：「這說明有的部長還不知道我們已經是一個獨立國家了！」他表示一定下令加強這方面的教育，樹立國家意識。

我在哈薩克斯坦工作了一年半多的時間，親歷

了納扎爾巴耶夫為建設一個獨立自主的新國家所作的不懈努力，如發行了哈國貨幣，解決了邊界問題，積極開展外交活動，包括創建「亞信」會議。他制訂的多民族和睦政策確保了政治和社會穩定。他還決定哈國放棄擁核而成為無核國家，同時大力發展國民經濟，重視改善民生，取得舉世矚目的成就。這些，使哈薩克斯坦在地區和國際事務中受到尊重並享有極高的聲譽。

一九九三年八月，我奉命離任回國，擔任外交部歐亞司司長。一九九四年，我隨李鵬總理訪哈，納扎爾巴耶夫在與代表團各位高官握手之後看到我，親切地對李總理說：「張是我們哈薩克人！」一九九五年夏天，我被任命為外交部副部長，仍然主管歐亞地區事務。納扎爾巴耶夫同年九月來訪時，在天安門廣場的歡迎儀式上也對江澤民主席說過類似的話，稱我是哈薩克斯坦和他本人的老朋友。

一九九七年二月，納扎爾巴耶夫總統偕家人到海南三亞度假。我和夫人鄭淑蘭受外交部委託，帶歐亞司幾位同志陪他們在那裡度過了一週的難忘時光。那時的三亞還沒有適合哈方專機降落的機場，客人們從海口入境，再乘汽車前往三亞。途中，總統一行參觀了猴島、熱帶植物園等景點和一家濕紙巾工廠。納扎爾巴耶夫表示，希望中方企業到哈國辦廠生產濕紙巾。此後我作了一些努力，但因當時哈國投資條件尚不成熟，這一倡議未能實現。這也

一九九七年，張德廣（左3）陪同納扎爾巴耶夫總統（左4）在三亞度假。

反映了兩國經貿合作剛剛起步時的實際情況，與今天快速增長中的數百億美元貿易額的規模無法同日而語。

當年的三亞處在旅遊開發初期，亞龍灣的海灘上只有一家凱萊酒店能夠接待總統級的外賓，倒是環境優美清靜，海水湛藍，沙灘潔白如洗，陽光溫暖燦爛。總統身體非常健康，雖是冬季，仍每天下海游泳。有一天，總統腳部扭傷，我聽說外交部歐亞司來三亞陪團的一位年輕人會些按摩功夫，就請他試一試。結果令人喜出望外，經過幾次按摩，總統居然可以健步如飛，照常打球了。離開三亞回國之前，總統認真地對我說：「你能不能把這個小夥子派到哈薩克斯坦，到我身邊工作？」我覺得這是

一句熱情友好的話，痛快地應道：「好呀，好呀，沒問題⋯⋯」沒想到十多年之後，這個「小夥子」成了中國駐哈薩克斯坦第十任特命全權大使，他就是大家知道的張漢暉。

一九九六年和一九九七年，中國、俄羅斯、哈薩克斯坦、吉爾吉斯斯坦、塔吉克斯坦五國領導人分別在上海和莫斯科舉行會晤，先後簽署了邊境地區信任措施協定和邊境地區裁軍協定。一九九八年夏，五國外交部同意在阿拉木圖舉行第三次領導人會晤。六月下旬，會晤的準備工作進入倒計時，俄方突然通知說，葉利欽總統因國內事務不能出席會晤，同時表示可派外交部長出席。各方對此反應強烈：俄派外長出席，怎麼舉行元首會晤？哈方十分重視這次會晤，外長托卡耶夫是我結交二十年的老

朋友，他把電話打到我的辦公室，焦急萬分地說：「老張，會晤一定要舉行。納扎爾巴耶夫總統要我告訴你，他邀請江主席正式訪問哈薩克斯坦並出席五國元首會晤，哈方將以最高規格，不，超規格歡迎江主席！」我們還討論了有關細節，共同破解了一些難題。七月三日，第三次五國元首會晤終於在阿拉木圖成功舉行，俄方由外長普里馬科夫以葉利欽總統特別代表的身分出席。這次會晤擴大了議題，決定元首會晤每年舉行一次，以推動五國在政治、經貿、科技、文化等各個領域的合作。阿拉木圖會晤對確保五國元首會晤作為一個進程得以延續，並最終在二〇〇一年發展成為上海合作組織起到了關鍵作用。這是納扎爾巴耶夫總統對上海合作組織這一偉大事業的歷史性貢獻。

二〇〇二年春天，我還在駐俄羅斯大使崗位上工作。有一天，哈薩克斯坦駐俄使館公使銜參贊來見我，他說：「張大使，我向你報告一個好消息：納扎爾巴耶夫總統發布命令，授予你共和國一級友誼勳章，以表彰你作為中國首任駐哈大使為兩國友好合作關係作出的卓越貢獻。」我聽到這個消息十分感動。我離任已近十年了，總統和哈薩克斯坦的朋友們還記得我為中哈友好合作所應該做的一些工作。兩館禮賓官員約好時間，我和夫人正裝前往哈駐俄使館，出席授勳儀式。哈駐俄大使代表納扎爾巴耶夫總統把勳章和綬帶授予我並親自給我戴上，然後雙方外交官舉杯向我表示祝賀。哈方給我授勳

二〇〇二年，哈駐俄大使在莫斯科代表納扎爾巴耶夫總統授予張德廣「共和國友誼勳章」。

這件事使我對外交工作有了一層新的感悟：外交是政治，也是人情，因為國家的外交是由人與人之間的交往構成的。一枚勛章以及圍繞勛章作出的種種安排，作用竟如此巨大，一下子更加拉近了我與哈薩克斯坦這個友好鄰國的感情距離，以至多年來，每當哈方電視台在哈國慶節或總統生日之際提出採訪我時，我都很難因為忙而拒絕，幾乎是有求必應地宣傳中哈友好和哈薩克斯坦取得的成就。

一九九七年，中哈邊界談判取得重大成果，只剩下部分邊界線懸而未決。為此，我奉命帶團赴哈薩克斯坦商談。當時，哈外交部在阿拉木圖，還沒有遷往新都阿斯塔納。托卡耶夫外長親自率團與我會談，雙方本著平等互利、互諒互讓的精神很快達成協議，但這還需要得到總統的批准才能算數。於

是，雙方代表同乘專機飛往阿斯塔納面見納扎爾巴耶夫總統。納扎爾巴耶夫已事先得到談判結果的報告，他在會見中非常明確地對我說，哈中一千七百多公里的邊界問題終於完全解決了，這對哈成為一個真正意義上的獨立國家具有重要意義。我深信，中哈邊界問題完全解決是納扎爾巴耶夫為獨立的哈薩克斯坦和中哈友好關係所作出的一個重大貢獻。

在與納扎爾巴耶夫的多次接觸中，二〇〇五年十二月初我作為上海合作組織首任秘書長到哈國觀察大選最為難忘。當時，兩國首都間還沒有直達航線，我們觀察團必須在阿拉木圖轉機。飛機到達阿斯塔納上空後開始盤旋，幾次嘗試降落均未成功。乘務員告訴我們，地面遇到極強暴風，必須等待天氣變化，出現安全「窗口」。通過舷窗，我們看到地面上厚厚的積雪被狂風掀起，繼而飛舞、滾動、打旋。四十五分鐘後，飛機開始返航，我們回到阿拉木圖。我們在機場坐等五小時後再次登機，終於在當天傍晚安全到達阿斯塔納。次日，我們開始觀察大選的活動。觀察團由上合組織六個成員國的外交官員組成，走訪了不同選區的投票站，同選民廣泛接觸、談話。我代表觀察團向媒體發表評論，認為哈薩克斯坦這次總統選舉是公正、透明、民主的選舉。我指出，選民踴躍投票，充滿政治積極性，納扎爾巴耶夫獲得哈薩克斯坦人民的普遍支持和敬仰。記者會上，有人提到西方觀察員對這次大選說三道四，我表示，我們沒有發現選舉中有舞弊現

一九九七年，中國代表團團長張德廣與哈外長托卡耶夫商談邊界問題。

一九九八年，托卡耶
夫訪華時向張德廣贈
送哈國禮袍。

象，不贊成任何偏見。

經過幾天的緊張活動，加之旅途勞累，天氣又
異常寒冷（零下 30 攝氏度），我突然感冒，嗓子疼
得厲害，嚴重失音，幾乎說不出話來。陪同我訪哈
的上合官員告知哈外交部，說我因患重感冒不便去
見總統。但哈方請示總統府之後通知我們，總統一
定要見我這個老朋友。隨後，哈外交部安排我到阿
斯塔納最好的醫院去做嗓子噴霧治療。記得那天下
午，納扎爾巴耶夫在總統府接見了我，並對上合組
織的發展提出了具有重要意義的建議，其中包括他
完全支持成立上合組織大學（成員國各方部分高校
組成的項目院校網絡）的提議。

轉眼之間，二十多年過去了。二〇一四年五
月，亞洲相互協作與信任措施會議在上海舉行。在
此之前，絲綢之路和平獎委員會討論誰應該是首任
獲獎者，我推薦了納扎爾巴耶夫，得到評選委員會

的一致贊同。我有幸與絲路和平獎委員會主席李肇星同志前往上海出席了頒獎儀式，並同納扎爾巴耶夫和習近平主席合影留念。

近日，獲悉納扎爾巴耶夫再次高票當選總統，我衷心祝願他繼續為哈薩斯坦人民的福祉、為地區的和平與發展、為中哈兩國的全面戰略夥伴關係的發展作出更大貢獻。

漫漫萬里路

沙赫拉特·努雷舍夫

（哈薩克斯坦駐中國特命全權大使）

那個年代，我作出學習漢語的決定，令父母感到十分意外。爸爸本想讓我像他一樣學習歷史，媽媽則希望我在她工作的外語學院學習英語。

這兩種安排我都是樂意的，所以選擇了哈薩克斯坦基洛夫國立大學（現為哈薩克斯坦阿里—法拉比國立大學）的東方學系。一九八九年進入中國歷史專業，讓我有機會將歷史和語文教育結合起來。課程中每週有十到十二小時的中文課，這為我打下了良好的語言基礎。後來，一九九一到一九九五年在北京語言學院（今北京語言大學）學習，則讓我從根本上提高了中文水平。

就這樣，從一九八九年選擇專業的那天開始，我的生活便與中國緊緊地聯繫在一起。一九九一年以來，我成為中國迅速發展的見證者。我國戰略夥伴的發展速度引人注目，不僅促進了周邊國家的經濟增長，同時也幫助維持了世界經濟的穩定。

我的外交工作也與中國交織在一起。不管是在外交部還是駐外機構、雙邊還是多邊機制中，我都

一直從事與中國的協作問題相關的工作。考慮到現在雙邊關係的高水平和戰略性質，我堅信自己選擇學習漢語、投身於鞏固兩國睦鄰友好合作關係的事業是完全正確的。

在這方面的工作中，我碰到過許多有意思的故事，其中有一些想與大家分享。

「請說慢點兒，我們要記下來」

或許是命運的安排，我從事了很多年的外交翻譯工作。儘管我的畢業證書上寫著「以優異的成績畢業於初級翻譯專業」，但事實上，上世紀九〇年代的阿里——法拉比國立大學東方學系——很遺憾——還沒有傳授專業的翻譯技能。

在北京語言大學學習期間積累的良好的中文基礎，真正幫助我提高了翻譯水平。學習的同時，我也爭得了一份實習工作，在哈薩克斯坦駐華大使館擔任值班員。

自二〇〇一年起，我開始積極參與高層翻譯工作。如果說此前委託給我的是專家級會見、副部長和部長級的會談翻譯，那麼，二〇〇一年九月則是進行了「戰鬥洗禮」般的總理級別的翻譯。

值得一提的是，當時的政府總理是著名的國務活動家、公認的「中國通」外交家，蘇聯時期曾多次在重要會見和談判中擔任翻譯，現任哈薩克斯坦上議院議長——卡西姆若馬爾特·托卡耶夫。

托卡耶夫任外長時，曾親自錄用我進外交部工作。會談前，他顯然察覺到我的緊張情緒，於是問道：「你看過會談提綱了嗎？」我肯定地回答後，他讚許地點點頭，然後開始了與中國國務院總理朱鎔基的會談。

作為一名資深外交家，托卡耶夫多次參加各種會談，深刻理解翻譯工作的難處，於是他盡量用簡短、精煉、清晰的語句進行談話。我第一次與兩位總理坐在一起，自然感到緊張，翻譯起來不帶停頓，語速很快，就像打機關槍一樣。

在第五個句子翻譯完之後，中國總理笑著說：「年輕人，你翻譯得都對，但可不可以稍微慢一點說呢，我們的同事來不及記下會談的內容呀！」

聽到這樣的提醒後，我放慢了語速，開始翻譯得更加自信。會談進行得很順利，達成了關於推進

二〇〇二年十二月，納扎爾巴耶夫總統訪華期間與江澤民主席會談。努雷舍夫（左2）擔任翻譯。

哈中務實合作的協議。這是兩國政府首腦在新都阿斯塔納舉行的首次會談。之後，兩國領導人飛赴南都阿拉木圖市，在那裡與吉爾吉斯斯坦、俄羅斯、塔吉克斯坦和烏茲別克斯坦等國的同事們組建了上海合作組織政府首腦理事會，並舉行了首次會議。

後來的十年間，我有幸為納扎爾巴耶夫總統擔任翻譯。我不止一次地看到，國家元首為會談精心準備，十分認真地閱讀為他準備的提綱及資料。為總統當翻譯，自然責任重大，同時又充滿愉悅，因為他的講話總是條理清晰、簡明扼要。當你與傑出的大人物坐在一起時，要控制住自己的激動心情是很難的。正是有賴於他們精幹的領導，哈薩克斯坦和中國在快速發展，鞏固雙邊關係也成了優先重視的方向。

二〇〇一年九月，中國國務院總理朱鎔基訪哈期間，與哈薩克斯坦總理托卡耶夫（右1）會談。努雷舍夫（右2）擔任翻譯。

「你們是怎麼在這裡生活的？」

關於年輕首都阿斯塔納的嚴冬，有很多故事。一九九七年從舒適的南部阿拉木圖搬到這裡來的居民，都會開玩笑地詢問：您在這裡熬過了多少個冬天？

有關這座城市嚴寒的氣候，外賓們聽到過許多，曾經都不願意在冬季來這裡。記得在二〇〇六年初，也就是納扎爾巴耶夫在二〇〇五年十二月無條件地贏得總統選舉後不久，二〇〇六年一月十一日在阿斯塔納舉行就職典禮，許多外國領導人應邀參加了本次慶典活動。

出席就職典禮的中方代表是國家副主席曾慶紅。根據中國慣例，他的出席是與對哈薩克斯坦的正式訪問一起進行的，同時安排了與新當選總統、總理及議會兩院議長的會見。到過阿斯塔納的人都知道，哈薩克斯坦總統府（Akorda）、政府大樓和議會兩院大樓都集中在一步之遙的地方，彼此距離非常近。

曾慶紅先生是江西人，長年生活在上海和北京。由於沒有在與阿斯塔納氣候相近的中國東北工作過，因此，這次訪問哈薩克斯坦首都對他來說有點不太適應。

那天天氣晴朗，無風，陽光明媚。儘管如此，白天的氣溫仍在零下三十六攝氏度。中國駐哈薩克斯坦大使館工作人員提前為副主席準備好了暖和的大皮襖和皮帽。每次下車，警衛軍官就立馬跑上

前，在他穿的大衣外面再披上一件大皮襖，然後迅速引進屋內。

與納扎爾巴耶夫總統會談過後，曾慶紅的車隊從總統府駛出，開向議會上院大樓。上院議長托卡耶夫穿著西裝站在門口的街上迎接客人，並沒有穿厚外套。剛從車裡出來的中國副主席，看見了穿得「涼快」的議長先生，眼睛裡流露出了驚異，問道：「你們是怎麼在這兒生活的？」托卡耶夫從容地用中文回答說：「我們已經習慣了，氣候只會磨煉我們！」

說句公道話，近些年來阿斯塔納的氣候，就像城市面貌變化一樣快，冬天變得越來越不可怕，越來越暖和。這要歸功於綠化帶的增加──城市周邊的森林覆蓋、建築物密度增大以及居民和機動車數量的上升。

以前，人們常常抱怨大風幾乎要把人吹倒了，身體都凍僵了，汽車也凍住了，等等。現在，氣象

阿斯塔納市容

局和緊急情況局會預先提醒居民天氣變化情況，制定了極端嚴寒天氣學校停課的機制；政府提高了住宅的建築要求（必須帶有停車場），提高了城市公共交通的標準。也許，這座城市的居民就像托卡耶夫說的那樣，已經習慣了這裡的寒冷，變得更加堅強。

與國家主席的交往

二〇一五年二月二十一日，哈薩克斯坦總統納扎爾巴耶夫簽署總統令，任命我為哈薩克斯坦駐中國特命全權大使。而這一天，剛好是我大女兒的生日。因此，對我們家來說，真可謂是「雙喜臨門」。

在兩週的時間內，我先後受到總統、總理和議會上院議長的接見，聆聽他們的有關指示，並與主要部委和國有企業領導會面，然後於三月七日飛赴北京。

努雷舍夫大使向習近平主席遞交國書。

到達以後，我向中國外交部遞交了國書副本，開始履行職責。中國外交官告知，按現有慣例，向國家領導人遞交國書是每季度安排一次，由於上一次遞交國書是在一月，因此下一次接受國書將在四月進行。

向中華人民共和國國家主席習近平遞交國書的時間，定在二〇一五年四月十四日。毫無疑問，這個日子將成為我永遠難忘的記憶。首先，這是我第一次擔任特命全權大使的職務；其次，我有機會獲

得了中國國家元首的單獨接見，而當天並非所有其他國家的同行們遞交國書後都享受到了這樣的禮遇。

之前，我曾有機會作為國家元首的陪同翻譯見到中國領導人（2001 年至 2010 年間），或者在前任大使們遞交國書時與其一同見到領導人，而這次，我則是與中國國家主席面對面坐在一起，近距離地討論雙邊關係的現狀和前景。與習近平主席的會見持續了二十分鐘。他在與我的談話中確認，今年五月七至八日將訪問哈薩克斯坦，與納扎爾巴耶夫總統進行會談，旨在進一步鞏固兩國全面戰略夥

伴關係。對我這樣一位年輕的新上任大使來說，要在四月二十六日哈薩克斯坦總統選舉之後馬上安排中國國家主席訪問，而且是在剛到中國開始工作的兩個月之後，這一切無疑具有重要的意義。

與習近平先生的交往給我留下了深刻印象。令我詫異的是，他對哈中合作狀況的細節竟瞭如指掌。由於這次會見，我堅信，在實施「一帶一路」戰略的大背景下，哈薩克斯坦確實在中國的外交政策中占有著重要的位置。

會見中我強調，哈薩克斯坦關於加快工業創新發展的國家規劃和「光明大道」新經濟政策與建設絲綢之路經濟帶的「一帶一路」倡議相對接，將推動雙方在發展科技集約型生產、石油化工、煤炭化工、機械製造、能源、冶金、交通基礎設施，以及油氣設備生產、礦物肥料、農業技術、建築材料等領域進一步深化合作。

然而，最讓我驚訝的是習主席的真誠和充滿溫馨的親切態度。我感受到了，這是在認真對待一位肩負國家特殊使命的人，這一使命是由習近平先生的好朋友——納扎爾巴耶夫總統託付的。五月七至八日中國國家主席對哈薩克斯坦的訪問，更像是老朋友之間的會面，大部分時間都用來促膝而談。

在阿斯塔納機場見面時，習近平先生認出了我，並向夫人彭麗媛女士介紹道：「這位是哈薩克的新任駐華大使。」臨走時，他握著我的手說：「大使，北京見！」

哈薩克斯坦人民的忠實朋友

周曉沛

（中國中亞友好協會副會長，前駐哈薩克斯坦大使）

二〇〇五年十月，當我從哈薩克斯坦離任回國時，納扎爾巴耶夫總統緊緊握住我的手，深情地說：「希望大使回國後繼續成為哈薩克斯坦人民的朋友。」我點了下頭，並用俄語補充了一句：「да и верный друг（而且是一位忠實的朋友）。」

親歷中哈兩國建交談判

一九九一年十二月蘇聯宣布解體後，中國政府當即發表聲明：本著不干涉別國內政、尊重各國人民選擇的原則立場，願同該地區各國繼續保持和發展睦鄰友好關係。隨後，中國外長致電原蘇聯各國外長，告知中國政府決定承認其獨立，並準備同他們進行建交談判。

一九九二年一月二日至七日，由時任對外經濟貿易部部長李嵐清率領的中國政府代表團一行三十人乘民航包機經烏魯木齊飛赴中亞五國。儘管那時蘇聯這個國家已不復存在，但我仍以外交部蘇聯東歐司參贊兼蘇聯處處長的身分隨行。我們一天訪問

一個國家，每天商談簽署一個建交公報。

　　一月三日下午，我們從塔什干飛抵哈薩克斯坦共和國當時的首都阿拉木圖。因為總共只有一天時間，所以代表團抵達後並未休息，而是立馬前往哈外交部，商談有關建交事宜。田曾佩副外長簡要闡述了中方來意後，哈方對中國政府「首批外交承認」表示衷心感謝，認為這是對新獨立國家的「最大支持」。在具體商談建交公報時，哈方表示接受中方提交的文本草案，支持中國政府關於一個中國的原則立場，但希望能加上「可同台灣方面發展經貿聯繫」的內容。對此，我們不持異議，同意寫入雙方諒解備忘錄。鑑於中哈之間還有懸而未決的邊界問題，哈方提出增加一句「現有邊界不可更改」。田曾佩指出，「維持邊界現狀」與「邊界不可更改」是兩個不同的概念，而且原中蘇雙方已達成協議，同意通過友好協商解決歷史遺留的邊界問題。經解釋，對方同意暫時擱置這一問題。後來，哈國最先與我國簽訂雙邊協定，在互諒互讓的基礎上徹底解決了所有爭議地段的邊界問題。

　　關於建交公報文本，由於我們不懂哈薩克文，哈方同意使用俄文和中文，簽字後同等作準。當時還沒有筆記本電腦，加之時間緊迫，我們只能連夜用鋼筆手工謄抄公報文本。這在中國外交史上實屬罕見。

　　次日上午，雙方在哈國外交部簽署建交公報。隨後，納扎爾巴耶夫總統在總統府接見了中

一九九二年一月四日，納扎爾巴耶夫總統會見中國政府代表團。

國政府代表團成員，捷列先科總理等陪同出席。
納扎爾巴耶夫一開始就詢問雙方建交談判的結
果，哈國外長和李嵐清團長分別匯報了有關情
況。接著，納扎爾巴耶夫回憶了不久前作為蘇聯
加盟共和國領導人訪問中國的情況，高度評價中
國改革開放的成就，指出中國政府派代表團來訪
是有遠見的決策，並對發展兩國睦鄰友好關係寄
予厚望。

　　與納扎爾巴耶夫總統的初次會見給我留下了深
刻印象。這位原蘇共中央政治局委員說一口流利的
俄語，待人隨和，目光炯炯有神，反應敏銳，顯得
精明老到。十一年後，我重新回到哈薩克斯坦向他

遞交國書時，還回顧了這段難忘的歷史。

實現能源外交重大突破

二〇〇三年九月，我從駐波蘭使館轉到哈薩克斯坦工作。赴任前，國務委員唐家璇鄭重交代說：「你這任大使的一個重要任務，就是推動加快中哈原油管道建設，做好能源外交這篇大文章。」

到任第三天，我前往拜會哈薩克斯坦外長托卡耶夫。我們倆早已是老朋友了。上世紀八〇年代初我在莫斯科與他結識後，第一印象是此人務實、謙遜，好打交道。一九八五年至一九九一年，他在蘇聯駐華使館任二秘、一秘。一九九二年十一月，我作為副司長隨同錢其琛外長訪問哈薩克斯坦時，他已是主管副外長，見到我還叫「老周」。我用俄語說，現在你比我「старше」（有年齡大和職位高兩個意思，此處為後者）。他謙虛地說：但我還得稱你為「老周」。

會見中，托卡耶夫首先表示，歡迎我這位有二十多年交情的老朋友來哈薩克斯坦工作。我直截了當地談了中哈能源合作的前景及今後的打算，強調這是兩國領導人的重大決策，希望他能與我一起共同推動完成這一世紀工程。托卡耶夫很痛快地表示同意，還稱他曾當過總理，會在力所能及的範圍內運用自己的影響給予幫助。

第五天，我向納扎爾巴耶夫總統遞交國書後，

周曉沛大使向納扎爾巴耶夫總統遞交國書。

雙方談話的主要內容就是兩國能源合作。我表示，十一年前曾有幸來哈參加兩國建交談判工作，這次的主要使命就是落實不久前胡錦濤主席訪哈時與總統達成的重要協議，抓緊建設中哈原油管道這一「新的絲綢之路」。納扎爾巴耶夫不僅完全贊同儘快建成哈中原油管道，而且主張鋪設通向中國的天然氣管道，並稱據他所知，土庫曼斯坦和烏茲別克斯坦總統對此也很感興趣。

在第二次非正式會見中，納扎爾巴耶夫總統談到計劃二〇〇四年冬天訪華，並詢問什麼時候比較合適。我說：「閣下已有好幾次都是冬天去北京，為什麼不選擇春暖花開的時候？而且，您與胡主席早日見面，可以及早敲定原油管道項目。」他當即表示，這是個「好主意」，並囑咐站在一旁的外長，對訪問日程進行調整。

　　第三次會見納扎爾巴耶夫總統時，主要商談訪問時擬簽署的有關文件。談到原油管道項目時，納扎爾巴耶夫表示，下半年即可開工，爭取在二〇〇五年年底前建成。因為事先徵求過中石油阿克糾賓公司總經理蔣奇的意見，我就主動提出，建議在二〇〇五年十二月十六日哈國獨立日前完工，作為節日的獻禮。他聽後很高興，點頭同意。

　　二〇〇四年五月，應胡錦濤主席邀請，納扎爾巴耶夫總統訪華。我回國參加了有關接待工作。這

周曉沛大使在中哈原油管道開工儀式上致辭。

次訪問很成功，兩國領導人就一系列重大問題達成共識，包括進一步加強能源領域的互利合作。訪問期間，雙方正式簽署了關於共同修建阿塔蘇至阿拉山口原油管道的基本原則協定。

經過雙方努力，同年九月二十八日，在哈薩克斯坦中部小鎮阿塔蘇舉行了開工儀式。中哈原油管道起點站設在一片荒漠之中，風沙很大。在臨時搭建的主席台上，哈薩克斯坦能源和礦產資源部部長什科利尼克首先講話，強調這項管道工程對哈具有重要的戰略意義和經濟利益，它將哈中西部豐富的石油資源與中國不斷發展的廣闊能源市場連接在一起，標誌著哈能源輸出多元化戰略邁出了關鍵一步。我在致辭中強調，在中華人民共和國成立五十五週年前夕，歷史上第一條中哈原油管線正式開工具有重要象徵意義，希望在二〇〇五年哈薩克斯坦國慶前能順利完工，並深信這條輸油管道將成為中哈人民友誼的紐帶，成為密切兩國務實合作的橋樑。接著，大家來到中哈原油管道零公里標誌牌前合影，並觀看兩國工人現場演示管道銲接技術。最後，我們一起到工地的帳篷內喝香檳慶賀。

哈薩克斯坦冬季最低氣溫達零下四十多攝氏度，一年中實際施工時間只有八個月。對一條長達一千公里的跨國大口徑石油管道的建設來說，工期的緊張程度可想而知。我方施工地段多為沼澤帶，挖溝、鋪管的難度都很大。為了保證按時完工，經與中哈石油管道公司中方總經理孟繁春商量，我們

決定邀請哈方總經理一起赴施工現場，了解工程進度並慰問工人。

　　九月初，我們一行從阿拉木圖出發，乘米-8直升機向北飛到巴爾喀什湖地區。當地的市長在機場迎接。剛下直升機，我就接受了媒體採訪，指出歷史上兩國都是絲綢之路上的重要國家，如今的中哈原油管道是兩國人民友好合作的象徵。到達總部後，先聽取哈方公司負責人的匯報，然後再乘直升機到實地考察。向我們介紹情況的施工隊長是一位德國人，懂俄語，其隊員由哈、俄、德等八個國家的工程人員組成。他們採用自動化銲接技術，平時平均每天銲接一千六百米的鋼管。前天是哈「石油工人節」，他們創下了一天銲接三千二百米鋼管的新紀錄。我詢問道，你們採用的是哪個國家生產的鋼管？隊長說，他們使用的都是中國鋼管，質量很好，他們非常滿意。

周曉沛大使考察中哈原油管道建設工地。

第二天，我們乘直升機沿著管線從西向東飛行約五百公里，抵達阿拉湖附近的烏恰拉爾中國管道工人營地。儘管周圍的條件不是很好，但營地內的小環境卻完全是另一番天地。營房井然有序，生活設施齊備，最吸引眼球的是中央的一片綠草地。當晚，我們在會議大廳聽取了情況匯報。

第三天一早，我們又飛到中哈邊境地區阿拉山口對面的德魯日巴口岸。直升機降落在路旁的沙漠上，然後，我們驅車進入兩國邊境哈方軍事區內，考察了中方施工現場。這是一個風口地帶，經常飛沙走石。中國管道工人鬥志昂揚，全部機械化作業，正在進行管道下溝施工。地溝挖得又深又直，堆放在一旁的鋼管及其他雜物都整整齊齊。哈方陪同人員不時點頭稱讚。

考察期間，除對雙方公司領導和管道工人的辛勞工作、優良施工表示感謝外，我要求他們務必按期、高效、保質完成管道鋪設工作，強調這是一項光榮的政治任務，只能提前，不容半點延誤。為予鼓勵，我還代表使館向他們分別贈送了北京老白干、紅雙喜香菸、龍井綠茶和移動 DVD 機及影片光盤。

為了保障中哈管道建成後的輸油量，中石油決定收購加拿大控股的哈薩克斯坦 PK 石油公司。就在雙方準備簽訂協議的節骨眼上，哈一位議員對媒體發表講話，呼籲反對政府出售 PK 公司。為保證收購繼續進行，除同該議員進行溝通外，我先後約

見哈總理、外長及議會黨派領袖，爭取對方理解和支持。但此事最終仍需由哈總統拍板定案。我想，剛好利用辭行拜會之機，著重談一下這個問題。

會見時，納扎爾巴耶夫總統講了一番臨別好話後，便站起來向我授予「共和國榮譽證書」，然後握完手就準備離開。我趕緊說，總統閣下，我還有重要事情向你匯報。他又重新坐下。我說，就在一個月前，我沿著中哈原油管線進行了實地考察，兩年前閣下交代的修建管道的任務按期完成已經沒有任何問題。為了保障足夠的油源，中方準備收購PK 公司，懇請總統給予支持，以讓我這任使命畫上一個圓滿的句號。講到「圓滿的句號」時，我有意加重了語氣。納扎爾巴耶夫聽後笑了笑說：「沒有問題。」當時就我們兩人在場，我又確認了一遍：「能否這樣報告北京——貴國政府已經同意？」他答：「可以。」我一下子感到如釋重負。

建設絲綢之路新驛站

二〇〇三年九月，李肇星部長在與我進行赴任談話時指出：古代的絲綢之路就經過中亞地區，在歷史上產生了積極的影響。在新形勢下，怎樣復興絲綢之路，擴大同中亞的文化交流，進一步加強人民之間的相互了解，這也是外交上的一項重要工作。

二〇〇四年初，我去拜會哈薩克斯坦國立圖書

館館長阿烏埃佐夫。我們十二年前就已相識，他曾任駐華大使，是哈國內為數不多的漢學家之一，在文化界頗有影響。哈國立圖書館坐落在阿拉木圖市中心，每天前來借閱圖書的讀者有約二千多人。阿烏埃佐夫在門口迎候，一位哈薩克姑娘向我獻花。參觀圖書館的藏書和閱覽室後，我表示：本人想在加強兩國文化交流方面做些事情，希望老朋友指點幫助。同時，圖書館方面如有什麼需要，我也願意效勞。

阿烏埃佐夫說，作為首任駐華大使，他懷有中國情結。雖然有時也發表某些批評意見，但真心願意看到兩國友好合作。他有點缺憾地說，偌大的一個國立圖書館，有關中國的圖書卻寥寥無幾。如果大使能提供幫助，他會非常感謝。我馬上表態，說沒問題，下個禮拜就可將圖書送來，而且還包括最新的中國報紙和雜誌。阿烏埃佐夫聽後很高興，說可以搞一個專櫃，擺放中國書籍。我說，一個櫃子肯定放不下，能不能開一個「中國文化角」？他表示贊同，並吩咐陪同會見的一位女副館長落實此事。告別時，我們約定下週再見面，具體商討有關方案。

一個星期以後，我們帶著幾箱使館保存的圖書和報刊來到圖書館。館長領著我們到了一樓左側的一個約三十平方米的辦公室，說這就是「未來的中國文化角」，並展示了設計草圖。我對館長的工作效率表示敬意，但嫌房間小了點，提出最好換一個

大些的地方。因為上次來時，我就注意到雪佛龍跨國石油公司網絡中心的位置很顯眼，地處大廳中央，約有九十來平方米。我問館長，能不能將與其相鄰的一間房子闢為「文化角」，來個中美「和平競賽」？館長覺得這個想法很有意思，但需同負責行政的副館長商量後再作決定。過了兩天，館長打電話來說，他們同意我的設想。我說，今天下午就帶中國的工程師去現場規劃設計（當時，國內派來的工程隊正在對使館進行裝修）。

經雙方當場研究，決定由哈方負責在兩週內將房間騰空，中方進行改造裝修，一個月完工。「文化角」的大體構想是：房間中央是長城掛毯，左側為書架，右側為展櫃，右上方朝外懸掛等離子大屏幕電視，中間擺放三張電腦桌。館長建議，在進門的地方擺上沙發茶几，來賓可以一邊品嚐中國綠茶，一邊觀賞中國電視片。我說，這是個好主意，綠茶可由我們使館保障供應。館長興致很高，他說：「論規模，這已不只是一個『文化角』，而應稱為『文化中心』。」我接過來說：「那我們就一致將其命名為『中國文化中心』吧！」大家都表示贊同。

二〇〇四年春天，經過緊張的準備，中國文化中心已初具規模。考慮到中共中央政治局常委李長春同志即將來訪，雙方商定屆時再正式揭牌。五月中旬，我回國參加高訪接待工作期間，專門向李肇星部長匯報了有關文化中心的工作，並請他題字。

李部長搖了搖頭說，現在題字可不行。我說，外宣不一樣，為了擴大中國文化中心的影響，外長應予支持。李部長猶豫了一下，見我紙筆都準備好了，就說：「算了，破一次例吧！」他先寫了一張，覺得不太滿意，又揮筆寫了一次，然後讓我挑一張。我說：「你留著也沒用，都給我吧！」

　　六月下旬，李長春同志率中國共產黨代表團訪問哈薩克斯坦，出席了中國文化中心揭牌儀式。儀式就在文化中心門前的大廳裡舉行，哈政府、議會領導人和文化學術界及新聞界代表約二百人出席。李長春同志親自為中國文化中心揭牌，國務院新聞辦公室主任趙啟正剪綵。哈文化部長卡謝伊諾夫致賀詞，回顧了哈中友好合作的歷史，強調中國文化中心的成立對哈是一件大事，是為促進兩國文化交流和兩國人民相互理解邁出的重要一步。我在講話中指出，兩國傳統友誼源遠流長，古代的絲綢之路就經過阿拉木圖，今天我們共建這個文化中心，就是要使文化交流成為連接中哈兩國人民友誼的新絲路。李長春同志參觀文化中心後，接受了哈方記者的採訪。他表示，中哈雙方共建中國文化中心，這是一件很有意義的事情。文化中心也是一個「驛站」，是建設現代絲綢之路的一項重要舉措。哈媒體對中國文化中心揭牌盛況進行了廣泛報導，認為中心的開辦使哈人民有了了解中國的「窗口」，尤其對青年人了解自己的鄰居有特殊意義。

　　七月中旬，我再次約見阿烏埃佐夫，商談進一

步完善並擴大中國文化中心規模等問題。他說，文
化中心在哈國內尤其是在知識分子和青年學生中引
起了巨大反響，每天來查閱資料、觀看中國電影及
參觀的人絡繹不絕，他們還提出各種要求，包括希
望開辦中文培訓班和有關中國的知識講座等。負責
中心日常管理的圖書館工作人員說，除阿拉木圖
外，其他地區的讀者也越來越多。如卡拉干達州的
中學老師專門帶了十幾名學生乘火車來中心參觀，

哈媒體關於中國文化
中心的報導

並集體觀看中國電視劇；還有不少學校來電話詢問有關詳細情況。我說，使館也接到許多電話，要求開辦中文學習班。經過協商，雙方一致同意先著手充實現有的圖書，邀請雙方學者舉辦漢語、中國文化系列講座，並儘快開闢電子閱覽室。

館長還讓我們看了一個大廳，有五百個座位。他說，這是蘇聯時期的俱樂部，已經好久沒有使用了，可以考慮改為放映廳。我當即表示同意。這樣，電影廳的問題也解決了。文化中心的建設還得到了國內各有關部門的積極支持和配合，新聞出版總署很快發來了一萬冊新書，國務院新聞辦和廣電總局提供了一批電腦和 DVD 機及光盤，文化部還撥專款配備了一台三十二毫米電影放映機。

二〇〇五年七月，胡錦濤主席應邀第二次對哈薩克斯坦進行國事訪問。會見中，納扎爾巴耶夫總統談到加強雙方人文合作時表示，在阿拉木圖設立的中國文化中心很好，哈方希望在北京也能開設哈薩克斯坦文化中心。胡主席當場表示支持。雙方還達成在阿斯塔納建立孔子學院的協議。就在這次重要訪問中，兩國領導人正式宣布建立中哈戰略夥伴關係。

不想對哈國朋友說再見

我在哈薩克斯坦工作了兩年零一個月，哈國及其人民給我留下了美好的印象。

在突厥語中，「哈薩克」是指「自由之民」，「斯坦」是「國家」或「地方」的意思。哈薩克人本是游牧部落，長年逐水草而居，食肉飲酪，隨風放歌，被稱為「馬背上的民族」。哈薩克人熱情好客，性格粗獷，對馬情有獨鍾，視其為最忠誠的朋友。與此同時，馬肉也是當地人日常生活和節日餐桌上不可或缺的一道美味佳餚。剛到哈薩克斯坦時，哈方朋友對我說，他們喜歡吃肉，食肉量為世界第二。我問：「誰是第一？」他們答：「那是狼。」

我原先不喜歡吃羊肉，但入鄉隨俗，也逐漸習慣了。當地人每次招待貴賓時，幾乎都少不了一道他們的特色民族菜——哈薩克式手抓肉。香噴噴的羊肉，再佐之以用木勺盛在特製木碗內的「索爾帕」羊肉清湯，那才叫原汁原味。大塊未完全切開的羊肉煮熟後端上桌，主人親自把肉切成小塊遞給每位客人享用：盆骨和小腿肉給德高望重的長者，胸脯肉給女婿或兒媳，頸椎骨分給姑娘們，而給最尊貴的客人要先獻上用特殊方法製作的羊頭。哈前總理捷列先科還曾專門用羊肉宴為我接風。初次面對盤中的羊頭，我束手無策。他親手教我用小刀將額頭上的一層薄皮片下留給自己，說這是最好吃的一塊。後來我才知道，按哈族正規習俗，客人應先割一塊面頰肉回敬主人家年齡最大的長者，再割一塊羊耳朵給年齡最小的孩子，然後自己隨便割一塊，再將羊頭還給主人。這時賓主圍坐在一起，一

邊大口食用盤中的羊肉，一邊盡情暢飲主人家釀的馬奶酒。

馬背上的民族早已今非昔比。哈薩克斯坦擁有得天獨厚的自然資源優勢，號稱門捷列夫元素週期表上的所有礦物元素在這兒均可找到。哈國獨立後各方面都取得了長足進步，人均 GDP 達一點四萬美元，多項經濟指標在獨聯體國家中名列前茅。根據本國國情，哈薩克斯坦領導人提出「先經濟、後政治」的改革發展模式，積極探索「哈薩克斯坦道路」。有俄羅斯學者認為哈薩克斯坦的發展模式是原蘇聯地區最成功的模式之一，稱其為中亞乃至整個亞洲的一個「穩定之島」。

中哈兩國睦鄰友好關係源遠流長。哈薩克人的祖先屬古代的烏孫國。西元前一三九年和前一一九年，張騫受漢武帝派遣兩次出使西域，並同烏孫國建立了聯繫。西元前一〇五年和前七二年，中國西

托卡耶夫外長出席周曉沛大使舉行的告別招待會。

漢細君公主和解憂公主先後遠嫁烏孫王，結下了不
解之緣。十二世紀，途經錫爾河流域和今哈薩克斯
坦南部，由中國通向西方的「絲綢之路」商道已經
形成。從十六世紀下半葉開始，「以絲綢換馬匹」
的經貿往來煥發生機，重現了大漠孤煙中「駝鈴聲
聲，馬蹄陣陣」的獨特風景。歷史上的絲綢之路把
中哈人民緊密地聯繫在一起。

二○○五年十月，當任滿即將離開哈薩克斯坦

我們一家的哈薩克情
緣

時，我在使館舉行了告別招待會。哈薩克斯坦外長托卡耶夫等各界官員和朋友應邀出席。托卡耶夫先用中文致辭，然後再說一遍俄文。他肯定我在哈薩克斯坦的工作，並對我離任表示惋惜。我先講了兩句哈薩克文，接著用俄文發表了告別講話：

兩年前，命運讓我來到了哈薩克斯坦。當然，這並非偶然。要知道，十三年前我曾來過這裡，參加過與剛剛獨立的哈薩克斯坦共和國的建交談判。

這些年來，你們國家發生了巨大變化。給我留下印象最深的是，貴國經濟蓬勃發展，各民族和睦相處。這證明，「實現了團結，就會出現繁榮」（納扎爾巴耶夫總統語）。

正如大家所知，最近兩年在我們兩國關係中有過許多重要事件。今天，我只想強調以下幾點：一是中哈之間的政治互信達到了很高的戰略夥伴水平；二是兩國經濟貿易關係發展迅速；三是中哈兩國歷史上第一條原油管道順利竣工，這是連接兩國和兩國人民的新絲綢之路；四是阿拉木圖開設了中國文化中心，哈薩克斯坦朋友通過這一窗口可以了解東方鄰居的古老歷史和現代生活。

在結束外交使命之際，我誠摯地感謝所有理解和支持我工作的哈薩克斯坦朋友。在這不尋常的時刻，我想起了哈薩克偉大思想家阿拜的一句名言：「每個人都應將別人看成是自己的朋友。」這不僅是神聖的生活信條，而且也應是外交工作的一個基本原則。

離開這美麗的土地，我不想說「再見」，因為我實在不願與朋友們分手。遺憾的是，我來不及做完自己本可完成的更多工作。但對於外交官來說，輪換是一條必須遵循的定律。在離開莫斯科、基輔、華沙之後，很高興能在與我國更近的鄰邦哈薩克斯坦為我的外交生涯畫上句號。

現在，我可以平靜地對你們說：「科什鮑雷內茲達爾！」（哈語「再見」）朋友們，我在北京等待你們。「拉赫麥特！」（哈語「謝謝」）

講完後，我的眼眶濕潤了。大廳裡響起掌聲。哈薩克斯坦朋友們紛紛上前與我熱烈擁抱，並說「我們一定再見」。

確保聖火傳遞萬無一失

二〇〇八年北京舉辦奧運會之前，有一天我突然接到外交部的通知，說第二天讓我率領一個安保小組前往哈薩克斯坦。我放下電話，就趕緊跑到部裡，了解有關具體情況和任務。

阿拉木圖是奧運聖火境外環球之旅的第一站，還有不到一週時間聖火就將到達這裡，外交部要求無論如何必須確保傳遞安全「萬無一失」。聖火將在阿拉木圖進行六個小時的傳遞，路程約十九公里。我們小組連夜制定了具體工作方案，重點是火炬傳遞開幕式和慶祝大會的兩個主會場以及沿途街區密集路段。對現場進行細緻考察和踏勘之後，我

納扎爾巴耶夫總統接力奧運火炬。

們會同當地安全部門一起研究分析，完善安保方案。對方也高度重視，並通報說納扎爾巴耶夫總統將出席開幕式，親自擔任第一棒的火炬手。因此，我們認為，在麥迪奧高山滑冰場舉行開幕式安全會有保障。當時最為擔心的是市中心的主會場。這是一個開放式廣場，周圍還有高樓。對方接受設立內外安保防線及核心區的建議，但不同意設置安檢門。經請示後，我未再堅持，但要求對方務必加強對可疑分子的監控措施。

在火炬傳遞的前一天傍晚，我們又前往市中心檢查，但現場已被封閉。我遞給站崗的警察一張名片，讓他報告上級，說中國大使要見他們的負責人。沒一會兒，一名上校警官來了，老遠就向我敬禮，並說以前在電視上見過我。在他的陪同下，我們又仔細查看了一遍現場布防情況。離開時，這位警官向我保證說：「大使同志，請放心，一切都在我們掌控之中！」

為了方便市民一睹奧運聖火風采，四月二日全市放假一天。阿拉木圖市主要街道都張燈結綵，宣傳北京奧運會的廣告牌隨處可見。市民們熱情很高，穿著豔麗的民族服裝，一早就聚集到火炬傳遞的街道兩旁。我們步行到達時，慶祝大會現場已經人山人海了。

因為「中國大使」的身分，在會場內包括核心區我可以暢通無阻，還不時有人與我打招呼，畢竟我離開這兒才兩年多。轉了一圈，當經過主席台前

時，我被哈國奧委會主席發現了，他跑下來請我上台一起觀摩，並安排我坐在市長旁邊。市長說，今天是阿拉木圖全體市民的節日。選擇該市作為北京奧運聖火境外傳遞第一站，這是他們的光榮，肯定會圓滿成功。

此時，會場的大屏幕上出現了哈國總統高擎火炬跑出起點的特寫鏡頭。納扎爾巴耶夫總統在致辭中指出：奧運聖火的傳遞，有利於世界文明的交流。在全世界的見證下，多民族的哈薩克斯坦向奧運聖火獻上自己的祝福。哈薩克斯坦為此感到自豪，感謝中國的友好情誼。

當二〇〇〇年悉尼奧運會拳擊冠軍伊布扎莫夫手持祥雲火炬跑入廣場時，現場數萬觀眾發出了雷鳴般的呼喊聲，一片沸騰。「你好，北京」、「北京，好運」的聲浪此起彼伏。當文藝演出結束，廣場上的聖火盆漸漸熄滅，承載奧運聖火的專機安全

飛離，整個傳遞過程沒有發生任何事故，我一直懸著的心也終於落了下來。

二〇〇六年從外交第一線退下來後，作為中國中亞友好協會副會長，我曾重返哈薩克斯坦，並接待來訪的哈國朋友，都感到格外親切。我還與哈薩克斯坦駐華使館的同事一起開闢了簽證「綠色通道」，推動中國企業家順利走進哈國，共創絲綢之路新輝煌。在一次歡迎納扎爾巴耶夫總統訪華的國宴上，我向坐在人民大會堂宴會廳主席台上的總統招手致意，他也微笑著向我點了下頭。令人感動的是，二〇一二年納扎爾巴耶夫總統親自簽署證書，授予我「哈薩克斯坦獨立二十週年」獎章。

在羊年喜洋洋之際，我特意寄給總統閣下一張不同尋常的春節賀卡——向納扎爾巴耶夫遞交國書紀念封，祝福這位深受尊敬的中國人民的老朋友羊年大吉。我知道哈薩克斯坦人喜歡藍色，故按其民族習俗，在俄文中將「золотая коза」（金色山羊）寫成「синяя овца」（藍色綿羊），但願吉上加吉！

中國百位大使遞交國書紀念封之駐哈大使周曉沛遞交國書。

中國與哈薩克斯坦的絲路不解緣

周劍峰

（中國外交部歐亞司隨員）

　　記不得這是第幾次西行赴哈薩克斯坦了，然而這一次，卻有著別樣的意義和期待。

　　舷窗外，橙紅色的夕陽在地平線上不捨地望著墨藍天際中皎白的月亮。暮色中的大地，山巒在起伏跳躍，河流在蜿蜒奔騰，湖泊和綠洲點綴其間……千百年來，這片土地上的人民克服重重艱難險阻，憑著勇氣和雙腿征服了高山、荒漠、戰亂和死亡，開闢了聞名遐邇的絲綢之路。從持節的使者到雄壯的軍隊，從和親的公主到繁榮的商隊，中國絲綢、瓷器和茶葉給各國人民帶去的不只是財富，還有中國對和平、友誼和繁榮的追求。絲綢之路的歷史，也是中國同沿線各國之間溝通和了解逐漸加深、友誼和感情不斷發展的歷史。其中，中國和哈薩克斯坦兩國和兩國人民間的深厚情誼，既貫穿著絲綢之路的歷史，更有著一段不解之緣。

　　漢建元三年（西元前 138 年），雄才大略的漢武帝面臨北方兵強馬壯、虎視眈眈的匈奴，苦思對策。當聞聽大月氏被匈奴攻殺、向西逃亡的消息，漢武帝便立即下令招募能人志士，深入西域，意圖

聯絡其共拒匈奴。最終領命前往的年輕郎官，便是後來鑿空西域、開闢絲路的博望侯張騫。當時的西域，是一片路途遙遠艱險、民風剽悍複雜的未知之地。行程未半，張騫和隨從們便被匈奴鐵騎俘虜，押往匈奴王庭。匈奴單于得知張騫西行的目的後，一面派人嚴密看管著他，一面為其娶匈奴女子為妻，企圖誘降張騫。張騫堅貞不屈，整整十年始終保持著漢朝使者的氣節，終於等到時機逃離匈奴，繼續西行，在大漠深處找到了逐水草而居的大月氏。大月氏，正是哈薩克民族最古老的族源部落之一。

張騫回國途中，詳細記述了西域烏孫、康居、大宛、大夏各國的山川地理和風土人情。回到長安後，他向漢武帝作了詳細匯報。其中，張騫著重介紹了烏孫國西遷到伊犁河畔後，已與匈奴兵戎相見

敦煌莫高窟壁畫中張騫出使西域大夏國的情景（供圖：FOTOE）

的具體情況，建議聯絡烏孫共同抵抗匈奴，這就是「斷匈奴右臂」的著名戰略。根據記載，烏孫「去長安八千九百里，勝兵十八萬，與匈奴同俗，國多馬，民剛惡，最為強國」，是當今哈薩克族譜系中的核心部族之一。漢武帝遂封張騫為博望候，派其率大隊人馬，攜千萬金銀、絲綢、牛羊等禮品第二次出使西域，聯絡烏孫等西域國家共拒匈奴。

張騫以剛毅堅強的性格和誠懇開闊的胸懷，贏得了各國人民的尊敬和信任。各國把張騫之後漢朝往來西域的使者都稱為博望候，而烏孫、康居等西域國家也開始派出使節循著張騫的來路逐漸開始了同中國的交往。「聞道尋源使，從此天路回」，千百年後輝煌繁榮的絲綢之路，冥冥之中就誕生在中哈兩國先輩使者的腳下，與中哈兩個國家和民族的相識相知結下了不解之緣。張騫勇於開拓、赤誠寬厚的精神，也成為其後千百年中國同西域各國友好交往中最富有生機的萌芽，貫穿了絲綢之路的歷史和發展。

夜幕漸漸低垂，機艙中傳來哈薩克斯坦空姐的介紹，原來機身下那片彎月般、墨綠色的湖泊，就是著名的巴爾喀什湖。自中國流入的伊犁河和湖區特殊的地質構造，使巴爾喀什湖東西兩半湖水呈現出一半深綠、一半淺藍的奇異景象。《紅樓夢》有云，「女人是水做的」。此刻我不禁想到了絲綢之路歷史中三個命途多舛但結局迥異的女人，一位是如藍色東湖一般憂鬱深沉的細君公主，一位是如綠

巴爾喀什湖

色西湖一般明麗開朗的解憂公主，另一位是如伊犁河一般不斷帶來活力的馮夫人。

地處絲路要沖和漢匈之間的烏孫，無疑是當時漢朝和匈奴都極力想拉攏的重要力量。為此，漢武帝派張騫二度出使西域來到烏孫，除重金厚禮外，還帶來了漢朝願同烏孫和親、結為兄弟之邦的消息。烏孫王立刻派人攜重禮赴長安，迎娶回漢武帝的親侄孫女──江都王劉建之女劉細君，史稱細君公主。細君公主身分高貴、儀態端莊，卻無法擺脫政治婚姻和語言習俗迥異帶來的苦悶。她曾上書漢武帝希望返回中原，但卻只能手捧一封「從其國俗，欲與烏孫共滅胡」的回信鬱鬱而終，永遠將香魂留在草原。

細君公主死後，漢朝繼續著和親烏孫、共拒匈奴的政策，重任落到了當時楚王的孫女──劉解憂身上，這就是著名的解憂公主。解憂公主不僅出身高貴，更難得的是其性格樂觀剛強，對自己赴烏孫和親所承擔的家國重任有充分的認識。解憂公主嫁

烏孫王后被封為右夫人，地位仍低於被封為左夫人的匈奴公主，但解憂公主憑藉自己的聰慧樂觀和善解人意，在其後近半個世紀裡影響了數代烏孫國王，使他們親漢遠匈。匈奴發兵攻伐烏孫時，她修書漢朝求援，搬來十五萬大軍同烏孫共同打敗了強悍的匈奴；匈奴公主所生王子繼承王位後欲瓦解漢朝同烏孫的「兄弟之盟」，她通過自己在烏孫的地位、影響，聯合各派勢力，以高超的政治手段力挽狂瀾⋯⋯解憂公主先後嫁了烏孫三位國王，歷經四朝變遷，以一介紅顏擔起兩國數十年的和平安寧和繁榮發展。晚年她回歸故土，漢宣帝以極高的禮儀迎回了這位大漢的功臣，以對待漢朝公主的規格將她安置在長安的宮殿中頤養天年。

值得一提的是，隨解憂公主一同來到烏孫的侍女馮嫽，聰慧善良、知書達理，到烏孫數年後便通曉當地語言，熟知西域諸國風土民情，成為解憂公主勸說烏孫王室親漢遠匈的得力助手。烏孫王子烏就屠的母親是當年匈奴派來和親的左夫人，他繼位後，匈奴便聯絡他並暗中派兵烏孫，準備清除烏孫國內以解憂公主為代表的親漢勢力。危難時刻，馮嫽受解憂公主之命親往烏就屠軍中悉心勸慰、曉以利害，最終勸服烏就屠接受漢朝封號，鞏固了漢朝和烏孫的友好關係，立下大功。漢宣帝得知後，破例召見馮嫽。馮嫽自烏孫抵達長安，向漢宣帝面陳烏孫等西域各國的山川地理、風俗人情和各國、各派系之間的淵源、利害，無一不清。漢宣帝大為讚

賞，冊封馮嫽為漢朝使節，持節杖、乘錦車，遍訪西域諸國。各國君臣見漢朝女使落落大方，禮儀辭令合規有度，連翻譯都不用，驚奇之餘都交口稱讚，心悅誠服。馮嫽用自己的才幹奔走斡旋，將漢朝恩威教化遠播西域，各國君臣都尊稱馮嫽為「馮夫人」。

頭頂的星空，腳下的黃沙，千年來見證了絲綢之路幾度興衰。三位美麗的女子，將一生最美好的青春年華都獻給了烏孫古國和絲綢之路。她們雖不曾征戰沙場，也不曾明典治國，但她們的貢獻永遠都被世人銘記。漢朝同烏孫等西域各國友好和睦的關係使和平與繁榮取代了戰爭與殺戮，漢朝同西域的貿易往來空前繁榮：烏孫、大宛的駿馬、馬奶和寶石被運到了漢朝，而漢朝的絲綢、茶葉傳到西域諸國，再到中東的安息（波斯）和更遠的大秦（古羅馬）。使節、商人、僧侶、教士的不斷往來也讓東西方不同文明間的交流更加緊密，情誼更加深厚。對於中國而言，西出陽關不再無故人，而有了豪爽奔放的哈薩克朋友備下的佳餚和馬奶；對於哈薩克而言，雄鷹乘著萬里長風，飛度玉門關後到達的是遼闊無垠的海洋。哈薩克草原各個游牧部落和國家在隋、唐、宋、明、清等朝，通過結盟、聯姻、訪問、通商等方式與中國保持密切聯繫，成為絲綢之路西出中國後聯通歐亞地區的重要樞紐。溝通帶來了解，了解帶來信任，信任帶來和平，和平帶來繁榮。千百年來，中哈兩國那份由絲綢之路而

本文作者周劍峰

起的不解之緣，早已在兩國人民祖祖輩輩生活點滴
的灌溉滋潤下，由萌芽而不斷茁壯，開枝散葉、由
木成林，一代代傳承下去。

　　隨著飛機的一陣震顫，機艙指示燈亮起，空姐
輕柔地用俄語向乘客們解釋著飛機由於遭遇氣流而
產生的顛簸。絲綢之路不僅給兩國人民帶來共同的
繁榮富庶，也勉勵著兩國人民在戰爭與動亂中一起
勇敢前行。第二次世界大戰爆發後，法西斯的鐵蹄
踏過大半個地球，無數生靈塗炭。創作了《黃河大
合唱》、《在太行山上》等膾炙人口的作品，激勵
無數中國軍民奮起抗日的著名音樂家冼星海，在從
蘇聯回國途中因新疆軍閥割據被迫滯留阿拉木圖，
居無定所、貧病交加。在一次國際音樂會上，冼星
海遇到了哈薩克著名音樂家拜卡達莫夫。當時兩人
語言不通，生活也都十分窘迫，但同為絲路的兒
女，千百年來流淌在血液裡的善良、友誼和對勝
利、和平的追求使兩人一見如故，結為摯友。戰爭

時期，各類物資供應極其短缺，拜卡達莫夫家中有八口人，全家一天的糧食配給只有六百克黑麵包。在如此艱難的條件下，拜卡達莫夫仍克服巨大的經濟和政治壓力，把身患重病的冼星海接到家中悉心照料。在哈薩克朋友的幫助下，冼星海在阿拉木圖度過了一段艱難但奮進的歲月。從他手中飛揚出一個個充滿魔力的音符，跨越了民族、語言和國家的界限，譜成了一曲曲真正的英雄讚歌，鼓舞著一批批戰士勇敢地走上反法西斯戰爭的前線奮勇殺敵。在阿拉木圖的一年多時間裡，冼星海完成了《民族解放交響樂》、《神聖之戰》、《滿江紅》、《阿曼蓋爾德》等優秀作品，永遠地被中哈兩國人民銘記在心。冼星海離開阿拉木圖後，哈薩克人民為紀念這位優秀的中國音樂家和真摯的朋友，在阿拉木圖修建了冼星海紀念碑，並用他的名字命名了阿拉木圖市的一條大街——即今天的冼星海大街，和相鄰的拜卡達莫夫大街一同作為中哈友誼的象徵被世人銘記。同甘苦、共患難、心連心，冼星海和拜卡達莫夫用生命凝結成的這份友誼，無愧於這個評價；在戰火和困頓考驗下互相支持、共同奮戰的兩國人民，無愧於這個評價。

機艙中的指示燈亮起，機長在廣播中通知飛機開始下降，哈薩克斯坦年輕的首都——美麗的阿斯塔納漸漸出現在地平線上。蘇聯解體後，哈薩克斯坦作為一個獨立國家，走過了艱難而曲折的發展道路。在努爾蘇丹·納扎爾巴耶夫總統的領導下，哈

薩克斯坦沒有盲信休克療法和自由民主的「神話」，而是通過艱難探索，走上了一條符合哈薩克斯坦國家和民族利益的發展道路。獨立二十多年來，哈薩克斯坦歷經獨立、裁軍、棄核、遷都、改革，遠離民族宗教矛盾，克服金融危機，繞開「顏色革命」，逐漸成為歐亞地區有實力、有擔當的大國。而中國始終是哈薩克斯坦發展道路上的好鄰居、好朋友、好夥伴。二十年來，中哈兩國關係不斷發展，人民相親相近，在發展中攜手共進，在困難時相互扶持。牛頓說，我之所以能看得更遠，是因為我站在巨人的肩膀上。中哈關係能達到今天歷史性的高水平，銘記著漫漫歷史和芸芸眾生中每一段中哈友好交往的美談佳話。

　　飛機降落、停穩，滿眼都是飄揚的中國紅和哈薩克藍。明天，中國新一代國家領導人——習近平主席將第一次踏上哈薩克斯坦的土地。這一刻，我如此真切地觸摸到了中哈世代友好這個「巨人」的

二〇一四年六月二十四日，習近平主席在北京人民大會堂會見來華參加夏令營活動的哈薩克斯坦納扎爾巴耶夫大學師生。（供圖：中新社）

力量和高度，這是中哈兩國先輩千百年來沉澱在歷史長河中的寶貴財富，是我們驕傲的過去和輝煌的現在。而習主席此次到訪，將會給哈薩克斯坦和中亞的土地帶來怎樣的未來？來不及多想，我便投入了緊張繁忙的訪問籌備工作，但我知道，明天，就在明天。

二〇一三年九月七日，我有幸作為聽眾走進了納扎爾巴耶夫大學的禮堂。上午十點三十分，在全場熱烈的掌聲中，習近平主席在納扎爾巴耶夫總統陪同下，緩步走上演講台，向台下嘉賓致意。隨後，便誕生了題為「弘揚人民友誼，共創美好未來」的重要演講。習主席在演講中娓娓道出古絲綢之路的悠久歷史和沿線國家通過交流合作創造的輝煌成就，盛讚中國同中亞各國的傳統友好並全面闡述了中方的睦鄰友好合作政策，收穫了陣陣掌聲。不僅如此，習近平主席還在演講中提出了運用創新合作模式、共建絲綢之路經濟帶的偉大倡議。

「絲綢之路經濟帶」，是絲綢之路這條和平與繁榮之路上千年之後的又一次豐收，它不僅承載著中哈千年以來的不解之緣的點點滴滴，同時也向其餘古絲路沿線國家和全世界宣示了中國對未來世界和地區發展的理念。發揚古絲綢之路開放、自由、合作、共贏的精神內涵，推動各參與國實現經濟政策協調，開展更大範圍、更高水平、更深層次的區域合作，實現和平、繁榮和共同發展——共建絲綢之路經濟帶的偉大倡議在當前世界多極化和經濟全

球化的大背景下，無疑具有特殊的時代意義。而這樣偉大的倡議，理應誕生在一個偉大的國家，不僅是偉大，更必須能夠最完美地向世人詮釋古絲綢之路的成就和精神，最真切地展現古絲綢之路帶來的友誼和福祉。從這一點上看，建設絲綢之路經濟帶的偉大倡議誕生在哈薩克斯坦，是眾望所歸，更讓綿延千年的中哈絲路緣再一次展現了它的魅力。

演講剛結束，這一偉大倡議便吸引了全世界的關註：哈薩克斯坦總統納扎爾巴耶夫當即表示，哈方完全贊同習近平主席提出的建設「絲綢之路經濟帶」的戰略構想，願同中方加強經濟、交通、人文互聯互通，共同構築新的絲綢之路；歐亞地區古絲綢之路沿線上的烏茲別克斯坦、塔吉克斯坦、巴基斯坦、伊朗等國家也都紛紛表示明確支持。經久不息的掌聲中，千百年來絲綢之路所代表的團結互信、平等互利、包容互鑑、合作共贏的精神，在此刻再一次煥發出新的光彩。作為一個幸運兒，我不再為沒能親歷那一段段令人神往的歷史而感到遺憾，因為此刻我見證的是充滿期待的未來。對我而言，這不僅是一段值得驕傲的回憶，更是一份沉甸甸的責任。中哈兩國的絲路不解緣，還將延續下去，而我和哈薩克斯坦的緣分，才剛剛開始。

生活在哈薩克斯坦的東干人

胡振華

（中央民族大學博士生導師、教授，

中國中亞友好協會顧問）

哈薩克斯坦是中國的友好鄰邦。早在蘇聯解體以前，我就應邀訪問過那裡；哈薩克斯坦宣布獨立後，我又多次前去出席國際研討會和進行民間交流。熱情友好的哈國各族人民給我留下了一個又一個深刻難忘的故事。在這裡，我介紹一下生活在哈薩克斯坦共和國的東干人的故事。

來自中國的「老回回」

哈薩克斯坦共和國是一個多民族的大家庭，其中包括一個叫「東干」的民族。他們的祖輩是十九

哈薩克斯坦的「陝西村」位置示意圖

胡振華夫婦在哈薩克斯坦。

世紀下半葉中國西北迴民起義失敗後被迫遷移到中亞的陝西、甘肅和新疆回族的後裔。「東干」這個族名是一九二四年蘇聯進行民族地區劃界時由政府確定的。據說，「東干」一詞來自地名「東岸子」。但年老的東干人多異口同聲地說，他們是「老回回」或「中原人」。

　　東干人主要居住在阿拉木圖市西南方向三百五十公里的馬三成鄉，位於楚河北岸八公里。這裡哈薩克語的名字叫「卡拉庫努斯」（黑甲蟲的意思），東干人叫「營盤」。老人們說，回民起義領袖白彥虎帶領他們遷移到這裡安營紮寨，所以叫「營盤」。這裡現在住的多是來自陝西的回族人，有一萬多人。為了紀念曾在十月革命期間和以後的年代裡作出了貢獻，而在一九三八年蘇聯「肅反」擴大化中被迫害致死的東干領袖人物馬三成，一九七五年這裡被改名為馬三成鄉。鄉莊裡修了一座村史博物館，館前有一座馬三成的半身塑像，供人們瞻

二〇一一年十一月三日，中國全國政協副主席阿不來提·阿不都熱西提（左4）在北京會見以安胡塞先生（左5）為團長的「海外東干傑出人士故鄉行」訪華團一行。（供圖：中新社）

仰。

　　一九八九年春天，我和夫人到馬三成鄉進行田野調查，聽到了當地人不少關於他們從中國新疆翻雪山、過戈壁來到這裡的動人傳說，以及吉爾吉斯、哈薩克、烏茲別克等族人民熱情接納他們的故事。東干人遷徙到中亞已經一百三十多年了，他們一直與中亞各族人民和睦相處，沒有發生過什麼摩擦和糾紛。我們還發現，這個東干人鄉莊中沒有文盲，就連在地裡割韭菜的一位中年婦女都是高中畢業。幾乎家家都有書櫃或書架，擺放著文藝書籍。

　　在馬三成鄉西南方向不遠的地方，楚河北岸又有一個東干人的大鄉莊，與吉爾吉斯斯坦的托克馬克（古代的碎葉城）隔河相望，哈薩克語叫「紹爾

托拜」（SHOR TÖBE），意思是「鹽鹼崗子」，現在東干人叫它「新渠」。從這個地名也可看出，東干人初來時這裡還是鹽鹼地，後來因為開挖水渠，才變成了綠洲。這裡住的也多是來自陝西的回族，共有一萬多人。哈薩克斯坦東干協會會長胡塞·達烏洛夫就住在此地，他還是哈薩克斯坦共和國民族大會委員會的委員。哈薩克斯坦宣布獨立後，他較早來中國尋根。在西安，他用雙手使勁地敲打著城牆西門的木板，高聲地喊著：「我們回來了！」他找到了祖輩生活過的地方，還查出了祖上姓安，所以現在他經常告訴中國朋友，他的名字叫「安胡塞」。後來，他帶領著一批又一批的東干人到西安來尋根。

胡塞·達烏洛夫在哈薩克斯坦與中國的經濟、文化交流方面做了大量工作。經他介紹，到西安等地來學習漢語的東干族和哈薩克族留學生就有幾百人。東干人非常喜歡多子女，有七八個孩子的人家相當普遍。胡塞·達烏洛夫雖然還不到六十歲，但家裡已有了第四代人。我和夫人曾在他家住過。他家獨門獨院，有十幾間屋子，其中有幾間是客房，專門接待來訪的客人。中國媒體上經常講的「陝西村」，指的就是上述兩個東干鄉莊。

從阿拉木圖乘火車或汽車西行，在塔拉斯河畔又有一個東干人的大鄉莊，靠近塔拉茲市區。哈薩克語叫「加爾帕克托拜」（JARPAK TÖBE），意思

是「扁平的崗子」。從地名看來，原來這裡也不是平地，都是東干人遷到這裡後用自己的雙手改造成良田的。這裡的俄語名叫「東干諾夫卡」，也住有一萬多人，東干人占百分之六十多，哈薩克人占百分之三十。這裡的東干人多數來自甘肅、青海和新疆。我和夫人幾次訪問過這個鄉莊，看過一家舉行的婚禮，還到少兒舉行「割禮」的一家去祝賀，也進清真寺跟各族穆斯林一起做禮拜。通過這些活動，做了民族學的田野調查，了解了當地東干人的風土人情和宗教習俗，也結識了不少哈薩克斯坦的東干族、哈薩克族朋友。

　　這裡居住著一位「大人物」，他叫拉什德・巴基洛夫，祖籍是甘肅省。他的夫人法提麥・蘇秀鳳是新疆塔城人。拉什德・巴基洛夫是塔拉茲大學講

胡振華教授在哈薩克斯坦講學。

授鑄造學的教授，蘇聯時期曾在中國武漢的華中理工大學（今華中科技大學）當過訪問學者，當時是與現任哈薩克斯坦總理馬西莫夫一起來的。拉什德・巴基洛夫還是哈薩克斯坦共和國自然科學院院士、哈民族大會委員會委員和東干協會副會長。他的夫人畢業於烏茲別克斯坦的中亞大學漢語專業，從事漢語教學工作。他們多次應邀來過中國，在各地結交了許多朋友。我和夫人來哈薩克斯坦，每次都要在他家住幾天。他們來北京也一定來我家看望。

哈薩克斯坦共有近六萬東干人。在阿拉木圖市和郊區的東干村及靠近中哈兩國邊境地區的捷爾坎特（過去叫潘菲洛夫），也住有一些東干人。在阿拉木圖市裡曾居住著不少東干名人，其中有已故的大學歷史教授伊利亞斯・尤蘇波夫、私立大學副校長瑪利亞・萬斯萬諾娃等，我在哈薩克斯坦訪問期間都受到他們的親切關照。早在蘇聯時期，我和夫人去阿拉木圖就住在伊利亞斯・尤蘇波夫家。

「鄉音未改，口味沒變」

陝西師範大學歷史文化學院的王國傑教授也較早地深入中亞東干地區進行了田野調查和文獻蒐集工作。他總結出東干人的一些特點，其中就有「鄉音未改，口味沒變」，這與我調查的結論很相似。哈薩克斯坦東干人保留了各自家鄉的語

言，不是陝西話就是甘肅話，在飲食上也保留了西北迴族人民的習慣。

　　哈薩克斯坦的東干人和吉爾吉斯斯坦、烏茲別克斯坦的東干人一樣，基本上保留了十九世紀的陝、甘話。他們的語言中有大量的古話，例如把政府叫「衙門」，警察叫「衙役」，旅費叫「盤纏」，作家叫「寫家」，夥伴叫「連手」，健康叫「剛強」，等等。同時，他們的語言中也保留了西北迴族人民口語中的一批阿拉伯語及波斯語藉詞，例如安拉（真主）、胡達（真主）、多斯提（朋友）、都士曼（敵人）、准拜（長大衣）、主麻（星期五）、閃拜（星期六）、耶克閃拜（星期日）、都閃拜（星期一）、賽閃拜（星期二）、恰爾閃拜（星期三）、派閃拜（星期四）、巴扎（集市、街）、饢（烤餅）、阿斯瑪爾（天空）、爾林（學識）、海底耶（禮品、經禮）、伊瑪尼（教門），等等。

　　「鄉音未改」是說他們的陝西話、甘肅話的話音未改，但他們遷移到一個另外的語言環境中，不可能不受到當地語言的影響。首先，他們和當地的哈薩克族一樣吸收了許多俄語藉詞，例如薩毛瓦爾（茶炊）、馬什納（汽車）、瓦崗（車廂）、薩維特（蘇維埃）、費則卡（物理）、黑米亞（化學）、拉交（收音機）、克依勞（公斤）、卡勒浩孜（集體農莊）等。哈薩克斯坦東干人的語言中也吸收了一些哈薩克語藉詞，例如別斯巴

爾瑪克（肉末麵條）、冬不拉（二弦彈撥樂器）、阿肯（游吟詩人）、包爾薩克（一種油炸食品名）、阿吾勒（牧村）等。

在中亞這個地區的語言環境中，雖然哈薩克斯坦東干人的語言吸收了一些別的語言的藉詞，但是在語法結構和基本詞彙方面都保留了陝西、甘肅、新疆等西北地區漢語方言的特點。我一直把哈薩克斯坦的東干語看作漢語在中亞的一種陝、甘話變體，不能因為東干人使用基里爾字母來拼寫就說它是發展成另外一種語言了。

「口味沒變」是說東干人保持著傳統的飲食習慣，嚴格按清真的要求做飯。每到東干人家訪問，主人總要留我們吃飯，熱情地款待。擺上飯桌的飯菜是我們非常熟悉的，主食有饅頭、包子、花捲、餃子（他們叫「扁食」）、單餅、麵條、肉粥、米飯、油香（油餅）等。副食的種類太多了，例如燉

二〇一一年十月三十日，來自烏茲別克斯坦、吉爾吉斯斯坦、哈薩克斯坦以及俄羅斯的「海外東干傑出人士故鄉行」訪問團五十一名東干族華僑華人來到甘肅臨夏回族自治州尋根問祖，探親訪友。圖為訪問團參觀當地生產沙特帽、女士紗巾、純手工羊毛地毯等伊斯蘭民族用品的工廠。（供圖：中新社）

羊肉、燉雞、炒韭菜、炒白菜、洋蔥炒肉、西紅柿炒雞蛋、肉丸子、雞蛋湯、羊雜碎湯等。由於受到當地其他民族的影響，東干人在飲食方面也有些變化，例如也吃饢、麵包、別斯巴爾瑪克（肉末麵條）、抓飯等。

哈薩克斯坦的東干人在語言、飲食上保留了自己的特點，而在服飾上，只有在婚禮和節日時才能看到婦女們穿著中國清代的服裝：腳穿繡花鞋，腿脖子上紮著帶子，手上、脖子上戴滿金銀首飾。要想了解東干人的習俗，我的經驗是參加他們的婚禮。哈薩克斯坦的東干人迄今依然嚴格地保持著伊斯蘭教信仰，他們的生老病死、婚喪嫁娶都受宗教的影響。在東干人的鄉莊中都建有供禮拜用的清真寺，有的是中亞式的建築，有的是中國式的建築，捷爾坎特市的清真寺就像北京牛街禮拜寺一樣。

東干人是中哈友好的橋樑

一百三十多年前，中國西北部分回族人遷移到了中亞，一部分人在哈薩克斯坦安了家，作為哈薩克斯坦的一個新的族群——東干族，和哈薩克族人民和睦相處，結下了哈薩克斯坦共和國大家庭中的兄弟情誼。東干人擅長農業，哈薩克人擅長牧業，他們多年來相互學習，得到共同發展。

東干人非常能適應新的環境，他們來到中亞後

很快就學會了哈薩克語和俄語。迄今，在東干人的
中小學校裡，除了學習本族的母語外，還要學習哈
薩克語和俄語。不少東干人可以當中國人與哈薩克
斯坦人的翻譯。我發現，哈薩克斯坦宣布獨立後，
最早來中國做生意的是東干人，接著是東干人作為
翻譯或中介帶著哈薩克斯坦的官方機構或私營企業
家來中國搞貿易活動，再後來，東干人作為哈薩克
斯坦官方代表團的成員陪同哈官員來簽訂友好城市
的協議。同樣，中國一些地方上的單位或個人要到
哈薩克斯坦交流或做買賣，也多通過東干人牽線搭
橋。由於東干人容易聽懂中國的漢語，會哈薩克語
和俄語，又了解中國和哈薩克斯坦的習俗，所以他
們在中哈之間起著很好的橋樑作用。

二〇一四年十二月三十日，中國甘肅省蘭州市，西北師範大學對二〇一三級優秀東干族留學生進行表彰。當天，該校再度迎來四十名來自吉爾吉斯斯坦、哈薩克斯坦等中亞國家的東干族留學生。（供圖：中新社）

習近平主席訪問哈薩克斯坦時提出共建「絲綢之路經濟帶」的倡議後，立即得到哈薩克斯坦共和國政府和各族人民的贊同，特別是得到東干族人民的熱烈歡迎。他們從切身體會中感悟到，共建絲綢之路經濟帶包括了有關國家人民的利益，大家的確是「利益共同體」、「命運共同體」。他們希望在實現這一美好願景的過程中也能發揮東干人的橋樑作用，為增進中哈友誼作出新的貢獻。

《黃河大合唱》
在哈薩克斯坦響起

—— 不朽的星海精神

姚培生

（中國前駐哈薩克斯坦大使）

二〇〇〇年春，我從拉脫維亞轉赴哈薩克斯坦任職。到阿拉木圖後沒幾天，我與夫人就訪問了中國革命音樂家冼星海的故居，拜謁了冼星海紀念碑，參觀了冼星海街，從而進一步了解了這位傑出的音樂家。

一九四〇年，中共中央委派冼星海赴蘇聯為中國影片《延安與八路軍》進行後期製作並考察蘇聯音樂。後因蘇德戰爭爆發，邊境關閉，冼星海無法回國，只得化名轉移至哈薩克共和國。在最困難的時候，當地的人民向冼星海伸出了援助之手。後來，冼星海因患重病赴莫斯科治療，一九四五年十月病逝於莫斯科。一九八三年，蘇聯將冼星海的骨灰移交中國。蘇聯方面當時沒有把此事當作平常事，而是賦予了政治內容。蘇聯外交部副部長賈丕才在骨灰移交儀式上說：「我們希望，蘇聯政府關於移交冼星海骨灰的決定將對改善蘇中關係有所促進，願從今以後冼星海的骨灰安葬在他出生的中國

冼星海二十世紀四〇年代初在蘇聯的留影（供圖：FOTOE）

故土上。建立蘇中兩國間的良好關係，將是對中國人民的驕傲和蘇聯人民的好朋友——冼星海的最好紀念。」

　　是的，冼星海是中國人民的驕傲。他生於亂世，長於逆境，飽受種種苦難，歷經人間艱辛。他既是才華橫溢的藝術家，又是鐵骨錚錚的革命者；既是堅定的愛國主義者，又是傑出的國際主義戰士。了解他經歷的任何人，都會為他「不墜青雲之志」的堅毅精神所震撼，他真正是用特殊材料煉就的一個人，我們應當永遠緬懷和紀念這樣一位偉人。一九九一年十二月，冼星海曾經生活過的哈薩克斯坦獲得了獨立，次年一月與我國建立了外交關係。自然，宣傳冼星海事蹟和弘揚星海精神，對兩國關係、兩國人民特別是對青年一代有重要意義。

一九八三年一月二十五日，冼星海骨灰由中國駐蘇聯使館派專人送回北京。這是在首都機場舉行的迎靈儀式。（供圖：FOTOE）

中國駐哈薩克斯坦大使館從一九九六年起便開始新的尋訪工作，並舉行了一系列重大的紀念活動：

中國使館通過外交途徑並在阿拉木圖市政府協助下，在冼星海故居外牆上安放了紀念牌。一九九八年七月三日，在阿拉木圖舉行了冼星海紀念牌揭牌儀式，正在這裡進行國事訪問的江澤民主席和納扎爾巴耶夫總統一起剪綵、講話並題詞。江澤民為冼星海故居親筆題詞：「憶星海，黃河濤聲縈迴於耳；訪鄰邦，友誼之花絢麗奪目。」納扎爾巴耶夫的題詞是：「我相信，中國偉大作曲家冼星海的作品及其生命本身，必將促進並加強中哈之間的友誼。」

一九九八年十月和一九九九年六月，在阿拉木

冼星海一九四二年十二月在阿拉木圖完成的第三組曲《敕勒歌》手稿（供圖：FOTOE）

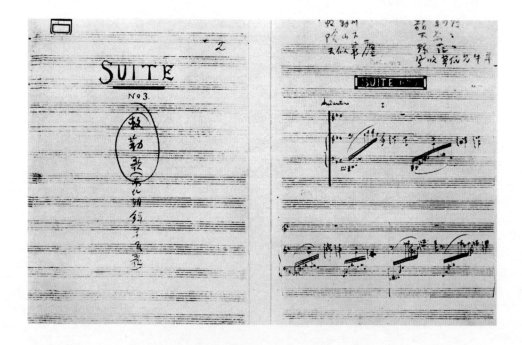

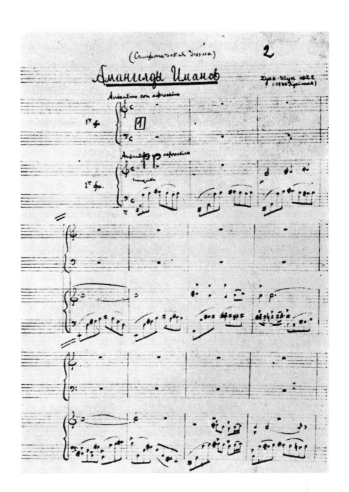

冼星海手稿──交響詩《阿曼蓋爾德》。冼星海一九四四年在蘇聯庫斯塔奈（屬哈薩克斯坦）工作期間完成了這部歌頌哈薩克人民英雄阿曼蓋爾德的大型作品。（供圖：FOTOE）

圖舉辦了兩次冼星海作品大型音樂會，各界代表應邀出席，並給予高度評價。

一九九九年 一月，哈薩克斯坦作曲家協會主席葉爾基姆別科夫以協會名義，建議阿拉木圖市政府將弗拉基米爾街更名為「冼星海街」。當年十月，阿拉木圖市市長發布第九四三號令，同意命名「冼星海街」並允許在街道旁設立一座紀念碑。當年十一月十六日，在阿拉木圖舉行了冼星海街和紀

念碑的落成揭幕儀式。納扎爾巴耶夫總統和中國駐哈大使出席了這一活動。紀念碑以蓮花葉為基座，三個蓮花瓣為碑體，花瓣之間用五線譜音符相連。主碑頂上是冼星海的頭部浮雕像。碑身正面和背面分別用中、哈、俄三種文字刻上碑文，最後三句是：「冼星海用音樂在中哈兩國人民之間建起了一座友誼的橋樑，讓我們永遠銘記他的名字，願中哈友誼世代相傳。」

　　我到任後，詳細翻閱了有關冼星海在哈薩克斯坦的各種材料，越看越仰慕這位偉大的音樂家，越看越覺得應該讓更多的人了解他。二〇〇〇年底，我請使館文化處探詢哈國家交響樂團演出全套《黃河大合唱》的可能性。該團領導滿口允諾，這將是該團第一次演出這部作品。自然，對那些歌手來說，最難的是用中文演唱。為了克服這個難題，使館文化處同志在中文歌詞下逐一標上俄語音標。樂團經過約兩週的排練，達到了預期效果。

　　十二月二十日，使館邀請哈文化部長和所有外國駐哈使節夫婦、哈音樂界人士在阿拉木圖音樂廳共同欣賞《黃河大合唱》。為了使節目較其他作品有更強的感染力和更鮮明的對比度，我請交響樂團先演奏小提琴協奏曲《梁山伯與祝英台》。協奏曲演完後，合唱隊的哈薩克小夥子身著一式晚禮服登台亮相，在舞檯燈光下個個昂首挺立，神情颯颯，風采動人；大使館程一坤同志擔任朗誦，他身材魁梧，嗓音特別洪亮渾厚，一下「征服」了全場觀

姚培生夫婦參觀冼星海故居。

眾。當「風在吼，馬在叫，黃河在咆哮⋯⋯」的歌聲響起時，人們彷彿被帶到了那個年代，那個億萬民眾奮勇殺敵的戰場。他們不是用嗓子，而是用精神、用力量、用氣勢在演。不知道內幕的人還以為是中國小夥子在表演呢，因為哈薩克人的外貌與漢族基本相似。演出獲得巨大成功，使節們紛紛向我們祝賀致謝。西班牙大使夫人說，她從未聽過如此動聽的樂曲，希望得到作品的光盤。我對她說，《梁祝》是歡樂與悲傷的完美凝聚，而《黃河大合唱》是憤怒與奮進的成功結合，兩部樂曲是兩種境界。阿拉木圖音樂學院的一位教授看後還打電話給我，祝賀音樂會策劃和演出成功。

二〇〇〇年六月，在策劃上述音樂會之前，我館文化處還編譯出版了《冼星海與哈薩克斯坦》一書。我為此書作如下序言：

每一個中國人都知道冼星海的名字，他是中國新音樂最傑出的代表和最無私的貢獻者。因為有了他，才有了氣勢恢宏的黃河之歌。黃河旋律鼓舞了一批批中華兒女沖上前線，英勇殺敵。黃河音符是民族的吶喊，是時代的號角。

冼星海在短促的一生中歷經萬般磨難，嘗盡人間艱辛。但不管命運將他拋向何方，他始終能居貧寒而不感遺憾、處逆境而不失氣度。他心中沒有自我，只把獻身音樂事業、追求人間真理視為生命的最高境界。一九四五年秋，在自己生命的最後時刻，在異國他鄉的冼星海極度思念祖國，思念苦難

的同胞和自己的親人，他在與死神的搏鬥中還創作了《勝利交響樂》。他堅信人民必勝，自由和朝氣蓬勃的新中國必將誕生！

　　冼星海在生命歷程的最後兩年半中，還與哈薩克人民結下了友誼情結。在他孤身一人最困難的時候，哈薩克朋友向他伸出了救助之手。作為回報，冼星海以驚人的毅力和罕見的敏銳，收集、鑽研哈薩克民族的音樂文化，創作並改編了大量作品，縱情謳歌了哈薩克民族及其英雄的業績。他愛那裡的山川草木、茫茫戈壁，更愛這個民族的好客淳樸。冼星海在哈薩克的勤奮奔波，使他的創作才華增添了新的光彩。正如江澤民所言，冼星海還是一位熱心的文化交流使者，他用音樂在兩國人民之間搭起了一座友誼的橋樑。

　　時光荏苒，五十五年過去，彈指一揮間！在中哈友好合作關係進入二十一世紀的今天，冼星海熱衷的友好事業後繼有人，他栽種的友誼之樹已深深紮根在這片廣袤的大地中。出自共同的使命感，中哈雙方一道，於一九九八年七月三日在阿拉木圖冼星海故居樹立了冼星海紀念牌。中國國家主席江澤民在訪哈期間，與納扎爾巴耶夫總統共同出席揭牌儀式，兩國最高領導人對發展中哈友誼的重視在此舉中得到充分體現。一九九九年十一月十六日，納扎爾巴耶夫總統在正式訪華前，又在阿拉木圖出席了冼星海大街命名暨冼星海紀念碑揭幕儀式，人們再次聽到了發展友誼的強音！如今，《冼星海與哈

薩克斯坦》一書得以出版，使我們有機會再次感受偉大音樂家烈火般的熱忱和潮水般的激情，有助於我們重溫中哈友好交往史，更有助於我們了解並學習冼星海的奉獻精神。

星海的堅毅品格，像閃爍夜空的恆星，永遠受人仰慕！

星海的偉大作品，如洶湧不息的大海，永遠激人奮進！

我的夢想：訪問中國

曼‧拜達羅娃

（哈薩克斯坦阿里—法拉比大學東方學系學生）

　　五歲那年，我第一次接觸中國，了解到她的歷史與文化。事情是這樣的，父親按常理給我買了所有這個年齡孩子都喜歡的兒童動畫片。那是一部歷史題材的影片，由好萊塢製作。女主人公是一位名叫木蘭的中國姑娘，由於每個家庭都要出一個男丁參軍，為了維護家庭的榮譽，她便代替年老體弱的父親，奔赴戰場與匈奴人作戰。正是這部動畫片，使我對中國悠久的歷史和文化著了迷。

　　從那時起，所有與中國和中國文化有關的一切都會讓我感興趣。父親的圖書館館藏豐富，有各種各樣關於東方民族文化和歷史的書籍，其中包括介紹古代和中世紀中國文物的彩色畫冊，這些書籍成為我感受、了解中國文明的「窗口」。中學畢業後，當我面對今後去哪裡學習、學什麼等問題的時候，我選擇了哈薩克斯坦國立阿里——法拉比大學東方學系，基本專業是漢學。

　　現在我上大學二年級，了解漢語和中國文化後，開始真正愛上了這個國家。中國人民值得尊敬，他們勤勞，有尊重先輩的傳統，不論身處何

本文作者拜達羅娃

地，都為自己的祖國和悠久的歷史感到自豪。

　　僅僅幾十年時間，中國由一個的落後國家變成了一個迅猛發展的強國，並開始直接影響世界經濟。中國不僅積極參與國際合作，而且開始在很多

方面發揮主導作用。

選擇漢學專業後，我開始重新認識中國，重新理解中國人民的精神世界及其偉大之處。

目前，我最大的願望當然是訪問中國，親眼看看我在書本上讀到的和在電視上看到的中國。除了訪問，還希望有機會在中國的大學裡，通過學習進而了解這個國家，用漢語和當地居民交流，研究內涵豐富的中國文化。

二〇一二年，在我生日那天，為慶祝我考上哈薩克斯坦國立阿里──法拉比大學東方學系，父親送了我一本書──《哈薩克斯坦人眼中的中國》。哈薩克斯坦著名漢學家克拉拉·哈菲佐娃和康斯坦丁·瑟羅耶日金專門為我在書上簽名題詞，祝我在研究中國和東方學方面取得成功。書的作者是哈薩克斯坦著名學者和去過中國的阿里──法拉比大學漢語教研室的老師們。這本書已成為我必備的學習用書。我如痴如醉地閱讀著關於他們接觸中國歷史和文化的回憶文章，渴望像他們一樣在長城上散步，親眼看一看著名的秦始皇陵兵馬俑、中國皇帝的建築群──紫禁城、和尚們切磋功夫藝術和哲學的少林寺，當然，還有曲阜的孔子墓地。世界各民族和各種膚色的人們都努力在那裡探尋中國智慧的源泉。

在學習期間，我最主要的成果是發表了第一篇關於中國的學術文章──《全球化時代進程中的中國》。文章被收入備受漢學家歡迎的《中國的社會

與國家》文集中，二〇一三年由俄羅斯科學院東方研究所出版。在文中，我努力闡述中國在全球化時代和當代世界發展進程中的地位和作用。當前，全世界都在討論這個問題。

今天的中國作為人類歷史上最偉大的文明古國之一，在經濟、技術、教育、科學和文化領域迎來了新的繁榮時期。中國的成就令人讚歎，不僅經濟方面的當代成果獲得了普遍的承認，還在提高居民生活水平的同時，對世界發展產生了積極影響，甚至對極大地改善人類活動和生活的條件起到了促進作用。當然，這首先關係到中國人自己，因為中國人口接近十四億，是全球人口總數的五分之一。

我想，一個尊重傳統的國家是無所畏懼的。她有能力抵禦任何威脅，不論威脅來自外部還是內部。我認為，中國的歷史正在證明這一點。

在中國，所有共產主義標誌、儒家學說和國家黨政制度都保存完好，但是它們的社會意義和功能已經發生了根本的改變。鄧小平的名言——「不管黑貓白貓，捉到老鼠就是好貓」，是改革戰略的集中體現。中國的改革戰略植根於深邃的傳統思維體系，依附於幾千年形成的文化及文明，同時又是清醒實用的，巧妙應對了全球化的要求和挑戰。

研究中國使我得出一個結論，這個偉大的國家沒有盲從西方的全球化模式，而是積極推行以美國提出的「軟實力」概念為基礎的自己的方針。所謂「軟實力」，實質上體現了本民族文化的吸引力，

包括一整套政治價值觀和以自身道德聲望為支撐的對外政策。

在古老的學說中確認了「軟實力」所包含的中國精神，並充實了本民族的內容之後，中國開始利用「軟實力」的概念，吸引全世界的目光：做好世界各地中國僑民的工作，培養世界水平的頂級運動員，依靠獨有的經濟發展模式使國民生產總值躍升到世界第二，通過傳播傳統醫學、中式烹飪的祕密以及國外的孔子學院網絡弘揚中國文化。

讀中國歷史，就像在看電影。當我沉湎於中國歷史事件之中，便對重要歷史人物的命運感同身受。中國通過拍攝電影故事片，巧妙地讓自己的歷史廣為人知。例如周潤髮主演的《臥虎藏龍》、李連杰主演的《英雄》、章子怡主演的《十面埋伏》等。這些貫穿儒家倫理的影片，歌頌了愛國主義、大無畏精神和愛情，成為世界電影史上的重要事件。

有理由認為，儒家哲學是中國人民取得成功的基礎，因為它讓人們思考並為老輩人和年輕一代指明了方向。

三十多年前，在鄧小平的倡議下，開展了關於中國哲學的反思運動。這場討論的中心議題是「解放思想」、「實事求是」、「實踐是檢驗真理的唯一標準」、「摸著石頭過河」。當代歷史雄辯地向我們展示了精神因素在人類發展中的巨大作用。正是這種因素在中華文明形成的過程中成為一個主要的起

源。近十年來，對中國傳統問題的研究集中在古典哲學方面是完全符合邏輯的，因為哲學往往被視為中國文明的鏡子。在中華文明發展的初期，哲學作為社會共同的心靈體驗，成為人們的思維和物質活動，乃至人與國家關係的關鍵組成部分，在形成中國人的生活方式上，無論是社會制度還是家庭關係方面，都起到了很大作用。

正如我們所知，孔子始終致力於傳播學問。他倡導「有教無類」。所以，當今中國大學進入世界知名教育中心的行列並非偶然，而中國學者也會獲得諾貝爾獎。

提到中國學者在當代世界科學中的成就，應該重溫一下孔子的《論語》。他講到君子應注重自己的言行舉止，列舉了必備的十七種品德，諸如修身養性、正衣冠、善交際、威武不屈、胸襟寬廣、知人善任、獨立人格、敬老愛幼，等等。要知道在中國，很多世紀來，獲得某種學位是很榮耀的，不僅會帶來許多好處，還能加快職務晉陞。中國高水平的菁英團隊就是這樣建立起來的。哈薩克斯坦總統納扎爾巴耶夫如今努力實施的「智慧民族二〇二〇規劃」，在許多方面與孔子的思想相吻合。

西方的一些觀念和技術在當代中國頗有影響。但是，在獨特的中國式思維下，當西方與中國傳統的觀念和技術相碰撞，後者並沒有遭到排斥，反而使公眾意識到現代文明各種成果之間的相互聯繫。同時，傳統的中國世界觀得以保持。

這一切都反映了普通中國人的心理特徵，而其世界觀的基礎，則是通過語言結構、價值觀念和比喻、俗話等方式得以形成並傳承。無怪乎中國思想家和政治家張之洞（1837-1909）喜歡反覆強調「中學為體，西學為用」。漢語中的諺語、俗話和約定俗成的說法，大多源於歷史典故。而中國式思考，則意味著設法悟出這些比喻和典型情景內的深刻含意。

普通中國人的思維方式讓我讚歎。他們不急於作出判斷和得出結論，努力控制自己的想法，不去尋找捷徑。他們帶有強烈的責任感，更在乎理智，而不是情感。如果沒有遠遠超出經濟範疇以外的特別力量的作用，一個領土面積占世界第三位，規模堪比整個歐洲大陸的國家，要實現任何一點經濟增長都無從談起。談到中國的歷史文化積澱，當代任何一個國家都無法與之媲美。

哈薩克人和中國人有很多相似的傳統。儒家倫理基礎之一是祭祖。哈薩克人也敬拜祖先。我覺得，這有可能是過往時代的遺跡，是歐亞大陸游牧部落文化和薩滿教在中原土著文化中留下的印記。

薩滿教認為，生活在自然環境中，要去適應環境。當需要與其對抗時就要進行鬥爭，而與此同時人類又完全依賴於自然。人與周圍世界和大自然的親緣關係，是這一學說獨有的典型特徵。薩滿教的產生有深厚的淵源，包括把自然界神化和對先祖靈魂的崇拜。隨後，這些觀點被有機地吸納進哲學、

道教和儒家學說。

　　薩滿教和儒家倫理學（恪守「擺正位置做你自己」）的意義在於，「為人類行為目的以及人在自然界、社會和國家中的位置予以特殊定位，並使之趨同、準確無異，以至完全適合」（哈薩克哲學家圖列舍夫語）。當前，兩國人民正在實施各自的規劃，以推進現代化和社會進步，而這種理論在很大程度上起到了決定性的作用。

　　在民族問題上，哈薩克斯坦和中國都堅持在平等、互助、團結、合作、繁榮和堅決反對民族歧視的基礎上發展族際關係。中國領導人特別重視「和諧」，這是儒家政治倫理學說的核心理念。根據最新的解讀，「和諧」意味著寬容、忍讓和愛好和平。根據這一原則，中國對外宣傳國家發展的和平性質，不對其他國家構成威脅，對內則倡導建立人與人之間的友好關係。此類運用倫理道德的做法，證明中國領導人嚴肅對待維持社會穩定的問題。

　　當前，哈薩克斯坦和中國之間的友誼不斷加深，兩國經濟發展迅速。通過教育、旅遊和貿易途徑，訪問中國的哈薩克斯坦公民人數與日俱增，這有助於兩國間睦鄰關係的進一步發展。

　　我熱愛祖國，同時對中國感興趣，尊重其悠久的歷史和文化，希望為哈中兩國的友誼和合作作出自己的貢獻。上帝讓這種友誼賜福於兩國人民。無論是中國，還是哈薩克斯坦，依我看，雙方在中亞地區發揮主導作用，可以共同努力使東方和西方相

互走得更近。通過這種方式，我們將搭建起友誼和
文化合作的橋樑，使過去一千五百多年來承載著類
似重要使命的絲綢之路得以復興，並為各種文明間
的對話注入新的活力。

合作篇

從歷史文獻看哈中友好關係

梅·阿布謝伊托娃

（哈薩克斯坦東方學研究所共和國歷史文獻研
究中心主任、國家科學院通訊院士，
歷史學博士、教授）

　　哈中關係的歷史源遠流長。中國是我國有史以
來的鄰邦，她具有極其豐富的歷史與文化。中國對
自己的過去所採取的尊重和審慎的態度，堪稱其他
國家效仿的榜樣。中國還賦予了我們充實自己歷史
的極大可能。

　　自獲得獨立之時起，哈中關係就開始走上軌
道。必須指出的是，在哈中文化關係方面，中國的
外交官作出了非常寶貴的貢獻。由於具備中華文化

哈薩克斯坦東方學研
究所與中國第一歷史
檔案館簽署合作協
議。（前排右 1 為阿布
謝伊托娃）

的獨特智慧，他們深諳發展哈中文化交往的重要性。二〇〇五年，在時任中國駐哈薩克斯坦大使周曉沛的積極促進下，在哈薩克斯坦共和國總統納扎爾巴耶夫倡導建立的文化遺產國家計劃框架內，我們實施了對中國第一歷史檔案館的古文獻考察。

這是世界上擁有最豐富、最珍稀館藏的檔案館之一，館內收藏了一千多萬件歷史文獻。通過共同工作，我們同中方達成了關於由哈方資助進行共同國際研究工作的協議。中國國家檔案局對哈薩克斯坦教育科學部東方學研究所與中國第一歷史檔案館的合作項目給予了支持。

哈薩克人自古以來同東方各國友好相處。漢文、突厥文、蒙文、波斯文和阿拉伯文等遠古的和中世紀的文字資料，有助於我們研究突厥—蒙古部落的歷史，他們是哈薩克人的祖先。中國人的古籍文獻資料和旅行者的歷史記載豐富了世界文明。

在海上通道開闢之前，中國與歐洲的經貿聯繫均通過絲綢之路進行，而哈薩克實際上是東西方文化相互影響、相互豐富之路上的聯結點和橋樑。從十二世紀起，中國去西方最繁忙的路線就是經過錫爾河流域和南哈薩克的過境通道。

從十六世紀下半葉開始，這條通道獲得了新的發展動力。據十六至十八世紀的文獻資料記載，當時連接中國、印度和中亞的幾條商道都經過哈薩克。這裡還有香客往來，有軍隊通過。哈薩克商人直接同中國做生意。十六世紀初的編年史作者法茲

拉赫‧本‧丹茲比罕‧伊斯法罕尼在《布哈拉賓客之書》中提及一條連接中亞和中國、通往突厥斯坦的道路。帖木兒後裔、莫臥兒帝國的創建者巴布爾在回憶錄裡談到了十五世紀一支上千人的商隊從中國返回時的情景，說明當時同中國的貿易非常發達。十九世紀的文獻《宣宗志》也描述了那個時期各國貿易往來的情況。欣欣向榮的畜牧業使哈薩克有能力獲取豐富的中國絲綢和其他產品。中國第一歷史檔案館有許多文獻都記錄了當時貿易的水平和種類。

必須指出的是，儘管距離遙遠並且缺乏現代交通工具，哈薩克汗國與中國之間當時不僅存在經貿聯繫，而且還有外交關係。在哈薩克汗國大本營裡，都設有發布文件的辦公室。文件有外交方面的，也有社會經濟方面的。哈薩克和中國的外交關係歷史文獻是一批頗為可觀的多樣資料，其中有中國旅行者的文字記載、官方信函往來的檔案材料、哈中當權者簽署的條約文本，以及按時間先後排列的內容豐富的統計資料等。還有一些描述贈禮、交換商品等場面的小型彩圖。一些蓋有密章的書函、信件、報告等文獻，也包含有一定的信息。

外交使節在發展哈中關係方面發揮了重要作用。經常互換使節、外交信函和執政者之間的定期會晤表明，我們兩國之間那時就有著正常的國家關係。

哈薩克汗的使者是草原執政者們的代理人。他

們被授權用文字或口頭的形式向與哈薩克汗國保持友好關係的鄰國執政者、地方長官轉達通告或決定。正如檔案文件所表明的，每一個使者必須了解其被派往的國家，以及這個國家的風俗、文化、道路。他還要掌握被派往國家的語言或者攜翻譯同行。

貿易的擴大促進了十六至十八世紀哈薩克汗國的經濟發展和國家間關係的加強。從很有意思的中國文獻材料中，可以看出草原城市的作用。確實，哈薩克人同鄰國人民的貿易一直在進行，甚至在亂世和戰爭年代也是如此。《宣宗志》在提及阿拉木圖時，用漢文和滿文稱之為「瓜爾班阿拉木圖」或「桂爾班阿利馬圖」。

歷史和文化的聯繫同各種政治、軍事、社會等歷史事件緊密地交織在一起。考古發現、文字與口頭文獻都證明這一點。近期發現的材料包含了很多有關中世紀及其後哈中關係歷史的新信息，極大地充實了史料基礎。

在文化遺產國家計劃的框架內，二〇〇四到二〇〇九年我們對中國的東方學古文獻進行了考察。必須特別指出的是，中國駐哈使館和領事館在安排我們去中國各檔案館、圖書館進行科研工作，以及組織我們同中國社科院俄羅斯東歐和中亞研究所的學者與專家的幾次親切會見中，都給予了友好支持與合作。

主要的工作是在北京的中國第一歷史檔案館進

行的。在接觸檔案館的藏品時，我們看到了一些珍稀材料，其中有一七四一至一八二八年間清朝同鄰國關係的歷史資料。我們發現並獲取的檔案材料中，有漢文五百多份、察合台文六十多份、厄魯特文四十多份、滿文三千多份。

檔案資料表明，十八世紀中葉至十九世紀初，哈中關係非常緊密，兩國之間進行「絲綢換馬匹」的貿易。這一事實應作為最鮮明和最重要的內容載入絲綢之路哈中關係史冊。

這個時期哈薩克汗國同清帝國的貿易與友好關係蓬勃發展有其自身的原因。十八世紀，哈薩克汗國處於中亞游牧社會，畜牧業是它的經濟支柱。在同其他國家的關係中，通過貿易獲得生產生活用品是個大問題。哈俄貿易關係不足以解決這個問題。清帝國平定了準噶爾汗國，征服了喀什噶爾之後，必須鞏固其邊防並振興不久前併入其疆土地區的經濟。為此，它開闢了「絲綢換馬匹」的集市，先是在烏魯木齊（從 1757 年至 1765 年），然後（從 1765 年起）在伊寧和塔爾巴哈台（今塔城）。

貿易給哈薩克人帶來了什麼呢？《宣宗志》一書中關於阿布賚統治下的哈薩克人的資料顯示，當時哈薩克汗的名字叫阿布賚，臣民稱他為阿布賚比。他們土地廣闊，有大量人口和牲畜。富裕之家會有一萬匹馬和牛，羊無數，甚至窮人也會有幾百匹馬和牛、幾千隻羊。他們生活富足。男子滿十六歲時就分家，撥給他部分財產自行單過。過節時，

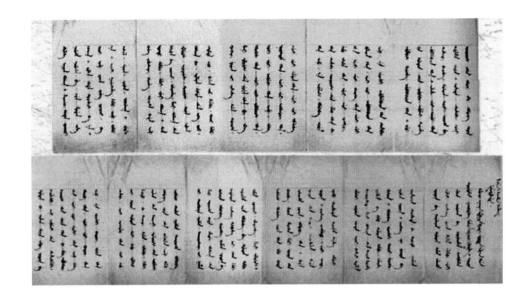

滿文哈薩克汗和蘇丹
家譜

用馬肉、牛肉、駱駝肉和羊肉做菜餚，使用木盤、
木碗和木勺。富裕一些的人使用錫製和銅製的餐
具，他們很喜歡中國的瓷器、茶葉和各種顏色的紡
織品。這些資料說明，當時哈薩克畜牧業很繁榮，
然而開闢外貿市場是不得已之舉。另一方面，同中
國的貿易關係使哈薩克人能夠獲取大量中國的絲綢
和其他產品。

在我們發現的外交文件中，有反映哈中、哈
俄、哈吉（爾吉斯）、哈浩（罕）和哈厄（魯特）
關係的，還有關於哈薩克汗往北京派遣使節、給使
節頒發獎狀以及關於哈中貿易的文件。關於哈薩克
人日常生活和傳統的文件中，有哈薩克居民的人口
以及哈薩克部落氏族等的資料。

通過考察，我們還發現了當權者之間的信函往
來，它們反映了一七四一至一八二八年間哈薩克汗

國同清帝國友好關係的歷史。這些文件是哈薩克汗、蘇丹和地方官致清帝國乾隆皇帝、伊犁將軍和塔爾巴哈台參贊大臣的官方信函。已發現的哈薩克汗同中國當權者的外交信函有一百一十五件，其中六十一件為察合台文、四十件為厄魯特文。每封信函都附有滿文的說明字條，寫明哈薩克當權者的經歷、出身以及他們的所在地。阿布賚汗給清皇帝的一封信（1766 年），內容是請求寄送藥品，並蓋上了密章；阿布利費茲蘇丹在致伊犁將軍的信中，要求其派遣使節，信中蓋有「阿布利費茲蘇丹」字樣的察合台文印章；博拉特汗和阿布利費茲蘇丹就土爾扈特人返回事致伊犁將軍的信中，蓋有厄魯特文的「博拉特・巴哈杜爾汗」、「阿布利費茲蘇丹」印章。

根據《清高宗實錄》和當時的檔案資料，乾隆在其敕諭中稱，他將推行冊封政策並視哈薩克汗國為「鄰邦」。

據乾隆二十五年五月庚午日（1760 年 7 月 9 日）《實錄》的日記中記載，乾隆致哈薩克當權者阿布賚、阿布馬姆別特、阿布利費茲和漢巴巴的信中提到，作為禮物向使節們贈送了銀幣、飾物和其他物品。在《欽定新疆識略》中，有「哈薩克人編年史」一章。其中講到，阿布利費茲的二兒子朱奇作為使節於一七六八年拜見了皇帝，阿布賚的兒子瓦利蘇丹也於一七六九年作為使節前往北京，二者都被賜予「雙眼花翎」。

阿布賚汗致清皇帝請
求寄送藥品的信函
（厄魯特文）

　　涉及十八到十九世紀哈中之間布匹、絲綢的買
賣以及交易價格等的貿易關係資料有一千多份。還
有關於這一時期哈中外交關係的文件，其中有哈薩
克汗派使節前往北京覲見乾隆皇帝的資料、哈薩克
汗和蘇丹委派外交人員以及為他們頒發獎狀等情況
的資料。

　　從一七五五到一七六二年間的文件中，我們獲
取了一些更詳細的資料：關於哈薩克汗國同清帝國
繁榮的貿易關係，哈薩克當權者阿布賚、阿布利費
茲、卡班拜等人和乾隆皇帝及其官員們在邊境貿易
中發揮的作用，清帝國如何組織運送貿易所需的商
品、制定貿易價格和政策，清帝國開展貿易時採用
的手法，如何對交換中獲得的哈薩克馬匹加以護養
和使用，以及驅趕牲口來做買賣的哈薩克氏族頭領
和個別人員的姓名，等等。這些資料大部分是作為
不同內容的信函文件的附件保存下來的，對挖掘哈
薩克斯坦的歷史而言也十分重要。

　　在中國第一歷史檔案館中，有一封滿清官員努

桑建議在烏魯木齊設立清哈貿易集市的信件。根據這個文件提供的信息，哈薩克的當權者阿布賚汗、阿布利費茲蘇丹和卡班拜巴圖魯已商定在烏魯木齊設貿易地。貿易集市最初在烏魯木齊附近，後來還在伊犁（伊寧）和塔爾哈巴台開辦。將近半個世紀中，哈薩克汗國同清帝國之間的貿易十分繁盛。

「馬匹換絲綢」的貿易史有其自身的意義。首先，從哈薩克汗國作為自主國家出現以來，這是它同中國最早、最直接的經濟關係；其次，哈方最直接的組織者是阿布賚汗、阿布利費茲蘇丹和卡班拜巴圖魯，中方則是乾隆皇帝和邊境地區官員，故這種貿易具有國際性；第三，貿易地域涵蓋了中國南部至西哈薩克斯坦，就其規模而言，取得了巨大的成果。可以肯定地說，「馬匹換絲綢」貿易在歐亞大地上復甦了沉寂幾個世紀的絲綢之路。

為了看到十七到十八世紀哈薩克社會的全貌，我們不僅需要考古史料、語言學和民俗學的文字資料，而且需要各種圖形、寫生畫。比如中世紀哈薩

克汗的外貌、服飾，可以根據宮殿裡的圖案裝飾、鑲嵌藝術品和壁畫上的形象進行復原。

二〇〇一年，我去巴黎各圖書館的藏書室工作了一段時間，目的是尋找同哈薩克歷史和文化有關的材料。我很幸運地看到了獨一無二的《哈薩克貢馬圖》（哈薩克人的禮品馬）。此畫收藏在著名的巴黎集美東方藝術博物館。迄今為止，這仍然是描述贈送三匹駿馬的外交儀式的唯一畫作。

朱塞佩・伽斯底里奧內（中文名郎世寧）的《哈薩克貢馬圖》，以及中國書籍《皇清職貢圖》和《宣宗志》中的小型彩畫都非常珍貴。畫作反映了哈薩克十八世紀歷史的不同瞬間。這裡須單獨談一談這位意大利畫家。郎世寧是耶穌會教士，一六八八年出生在米蘭，一七一五年到北京定居，直至一七六六年去世。他是第一個在畫作中創造奔馬形象的歐洲畫家，是十八世紀在中國工作的唯一的歐洲畫家，其作品早已名揚世界。乾隆皇帝對他特別器重，因為他特別擅長畫獸類和花卉。

《哈薩克貢馬圖》

《哈薩克貢馬圖》畫了三位哈薩克使者和三匹馬，記載的是一七六三年哈薩克人為表示聯盟和友誼向乾隆皇帝贈禮的場景。哈薩克使者的形象高大威嚴，讓人看起來有很強的民族自尊心。乾隆皇帝在幾位高官的陪同下接受三匹贈馬，坐在寶座上的皇帝面部表情安詳。反映宮廷生活場景的陳設、服飾、器具都畫得很逼真。畫作讓人們對當時的服飾有了概念。製作服飾的材質對研究服飾很重要，這

類的考古發現很少，但我們可以想像十六到十八世紀哈薩克人的衣服使用什麼材質。歷史分析表明，這幅畫作描繪的事件發生在阿布賚汗統治哈薩克時期。

十八世紀初，中亞的國際關係發生了重大變化。十八世紀中葉之前，那裡有影響的大國是準噶爾汗國，而清帝國和俄羅斯也開始施加特殊影響。總體上，當時中國同哈薩克斯坦的關係是通常的政治外交接觸。

由於一九二三年的一場火災，乾隆珍藏在紫禁城一個大廳中的一千一百五十多件畫作被毀。此後有一千件最佳手卷被轉往天津的英國租界，後輾轉到達台灣，收藏於台北故宮博物院。郎世寧的大部分畫作就保存在那裡。

清朝當權者特別是乾隆在其夏季行宮避暑山莊接待來自中亞和蒙古的使節們。作為給這些使節的禮遇，東道主讓他們參加軍事操練和打獵。與此同時，在避暑山莊還搭建了專門的帳篷。在這些帳篷裡，皇帝宴請使節並舉辦各種娛樂活動。

乾隆是位英明的君主，他下令邊境地區負責對外事務的官員和自己宮裡的官員把各民族代表人物以及同清帝國有關係的國家的代表人物及服飾畫在紙上。這些圖畫收集和保管在軍務主管部門，並被編入《皇清職貢圖》（描繪來清國贈禮的各民族代表形象）。此書共九卷，收錄了二百九十九個不同民族屬性的人物形象，有男有女。每張圖都附有簡

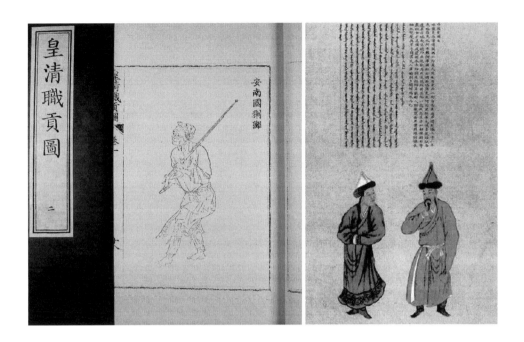

《皇清職貢圖》中的哈薩克使節

短說明，包含這些民族的歷史與文化以及同清朝之間關係的珍貴信息。《皇清職貢圖》第二卷裡有四幅畫同哈薩克人有關，它們是「哈薩克首領」、「哈薩克首領之妻」、「哈薩克平民」、「哈薩克平民之妻」。這幾幅圖有一個說明，稱這個民族四處游牧，放牧牲口，但也懂農業。他們中的長者頭戴用深色氈呢鑲邊的紅色或白色四角高帽，穿長袖絲綢上衣，系絲腰帶，穿黑靴子。他們的妻子梳兩根自然下垂的髮辮，戴耳環、珠串，穿用光彩奪目的絲綢裝飾的長袖上衣。她們的帽子和鞋子同男人相似。他們中的平民無論男女，多數戴氈帽，穿樸素材質製成的上衣。

傳統的哈薩克服飾已經傳承了幾個世紀，甚至

上千年了。它汲取了游牧和定居文明中最有益的經驗。但是，在哈薩克人的服飾上仍有從斯基福人到古突厥人這些早期游牧民族打下的鮮明烙印。

　　阿布賚汗和其他哈薩克當權者派遣外交使團的行動，不僅對哈薩克人，而且對清帝國的人民而言都是特殊的事件。《皇清職貢圖》第九卷中，有六幅小彩圖同哈薩克小玉茲首領努拉雷汗、巴圖魯汗、卡伊普汗向清帝國派遣使節有關。彩圖的文字說明中稱，努拉雷領導的小玉茲是西哈薩克人的一部分，居住在距伊犁西北二千多里之處，四處游牧。他們的頭領努拉雷在乾隆二十七年（1762 年）派遣使節向皇帝進貢。他們的男人穿質樸材質製成的上衣，女人頭上系彩色絲綢的頭巾，但他們之中也有人戴繡花小圓帽。

　　《皇清職貢圖》第九卷的最後兩張畫，稱為「臣服於烏爾根奇部落卡伊普的伊斯蘭教徒」和「臣服於烏爾根奇部落卡伊普的伊斯蘭女教徒」。在這兩張畫下面有一個總的說明稱，卡伊普統治的烏爾根奇是西哈薩克人的另一部分，他們在距伊犁西北二千多里的小玉茲附近游牧。為了經商，他們同鄰近的伊斯蘭教徒一起來到伊犁。乾隆二十七年（1762 年），他們的首領卡伊普派使節向皇帝進貢。他們的風俗習慣和服飾同小玉茲一模一樣。

　　上面所引的三個文件都與小玉茲哈薩克人有關。頭兩個文件中稱呼是正確的，而在最後一個文件中，「烏爾根奇部落卡伊普」是指巴圖魯汗的兒

子卡伊普汗。他出身於小玉茲，早在他父親在世時就已統治希瓦。這位卡伊普汗被哈薩克民族志學家喬坎・瓦利漢諾夫稱為「烏爾根奇卡伊普汗」，同上述中國文件相符。

中國第一歷史檔案館的文件證實了哈清之間存在外交、貿易關係。其中阿布賚汗發出的一些官方信件很有意思，而且充滿信任的語氣。重要的是，儘管哈薩克汗國同中國的統治中心距離遙遠，但兩國卻保持了相當緊密的關係。中國保存了哈薩克汗和蘇丹們的所有信函，它們無疑是哈薩克人民的文獻財富。

此外，在北京大學、中央民族大學圖書館考察時，我們還發現了一些哈薩克人歷史與文化的新資料。

在收集整理以上檔案史料的基礎上，哈薩克斯坦東方學研究所出版了五卷本「中國史料中的哈薩克歷史」叢書，其中一卷專門介紹有關哈薩克斯坦歷史和文化的考古文物。

二〇〇五年九月，考察組成員參加了為慶祝中國第一歷史檔案館成立八十週年舉辦的明清檔案與歷史研究學術討論會，簽署了哈中二〇〇六至二〇〇八年「清代哈中關係檔案彙編」國際合作項目協議。協議的簽署是哈薩克斯坦社會科學與哈中關係發展的成果。

目前，中國已引起哈薩克斯坦公眾極大的興趣。自一九九二年一月哈薩克斯坦共和國和中華人

民共和國建交之時起，兩國關係不斷深化。兩國簽署的共同宣言確認，相互支持和發展兩國長期的睦鄰、友好與合作關係符合兩國人民的根本利益，也有利於鞏固和平和維護穩定。

　　現在，已提升至全面戰略夥伴關係水平的哈中合作正在經貿、軍政、文化、人文等十分廣闊的領域中得以實施。因此，哈薩克斯坦人想儘可能多地了解和認識中國的願望是很自然的，因為歷史緣分和地緣政治一直把我們兩國聯結在一起。

聖火傳遞友誼情

孫 力

（中國社會科學院俄羅斯東歐中亞研究所副所長、
研究員，人民日報前駐哈薩克斯坦首席記者）

哈薩克斯坦前首都、第一大城市阿拉木圖，位於該國東南部廣袤的平原上，面積約一百九十平方公里，擁有悠久的歷史，是古絲綢之路通往中亞的重要驛站，以盛產蘋果著稱，有著「蘋果城」的美譽，被稱為「南都」。

然而，這座城市給中國人留下最深刻印象的，卻是北京奧運火炬傳遞所呈現的空前盛況，播撒出兩國人民深厚信任的國際友誼，昭示著兩國人民世代友好的誠摯願望。當時，我作為人民日報駐哈薩

奧運火炬阿拉木圖市
傳遞發布會現場

克斯坦記者，有幸親身體會這一美好場景。翻開駐外工作手記，過往記憶紛紛映入眼簾，仿若從前……

奧運聖火

二〇〇八年北京奧運會火炬傳遞是奧運史上傳遞路線最長、範圍最廣、參與人數最多的一次火炬接力，在奧林匹克運動史上譜寫了輝煌的篇章。

上世紀九〇年代中哈建交以來，兩國睦鄰關係不斷深化，兩國間的共同邊界已形成一條友好、合作的紐帶。因此，阿拉木圖市與巴黎、倫敦、伊斯坦布爾等世界名城一道，成為奧運火炬傳遞途經的城市。

哈薩克斯坦官員和普通百姓對奧運火炬傳遞首站選擇阿拉木圖市激動不已，紛紛表示「阿拉木圖市成為二〇〇八年北京奧運會火炬境外傳遞的第一站，這是哈薩克斯坦和哈全體人民至高無上的榮光」。時任阿拉木圖市市長塔斯馬加姆別托夫認為，阿拉木圖市成為火炬傳遞第一站的理由很多，歸納起來有以下幾個方面：一是哈薩克斯坦以及阿拉木圖市位於古老的絲綢之路上，連接著歐亞大陸和東西方文明；二是中國是哈薩克斯坦的東部近鄰，兩國有一千七百多公里的共同邊界。哈薩克斯坦獨立後，哈中兩國建立了睦鄰友好關係。哈薩克斯坦和中國間的雙邊關係已成為中亞乃至整個歐亞地區國際關係的楷模；三是奧林匹克運動的主要目

孫力採訪阿拉木圖市
副市長塞杜馬諾夫
（右）。

的是宣傳和平。哈薩克斯坦在獨立後的第一年就放
棄了核武器，用實際行動證明了自己對和平的嚮
往；四是阿拉木圖是哈薩克斯坦最美麗的城市之
一。

哈薩克斯坦奧委會秘書長鐵木爾・多瑟姆別托
夫曾在一九八二年奪得世界冠軍，也曾擔任二〇〇
六年冬奧會的火炬手。他表示，即將在阿拉木圖市
進行的北京奧運會火炬傳遞，對這座城市、對整個
國家都意義深遠。這是有史以來奧運聖火首次來到
哈薩克斯坦。多瑟姆別托夫說：「近二十年來，我
曾多次造訪北京，每次都不由得對那裡所發生的巨
變而感到震撼。北京的『鳥巢』、『水立方』等奧
運場館世界一流，而新建的地鐵線路將為觀眾和遊
客提供便利。」

精心籌備

阿拉木圖市副市長謝裡克・塞杜馬諾夫是火炬

傳遞活動當地政府的主要負責人之一，辦公桌上鋪展著傳遞路線圖和工作日程等。一見到記者，他就拿起路線圖介紹起火炬傳遞路線及準備工作。一切準備工作都在火炬到來前兩天準備就緒。

塞杜馬諾夫說，阿拉木圖市是北京奧運火炬境外傳遞的第一站，將辦出特色，展現給世人一個驚喜。他介紹說，阿拉木圖市擁有世界上最優秀的天然高山滑雪場，三面環山、地勢南高北低，因此，火炬傳遞將展現滑雪、滑冰、騎馬、摩托車等特色傳遞項目。此外，還將在傳遞路線上搭建「東方巴扎（市場）」，再現古絲綢之路風采。據他介紹，阿拉木圖站的火炬傳遞將分山上和市內兩階段舉行。火炬手們將經過總長約二十公里的傳遞，把奧運聖火從城市最高點送抵市中心的阿斯塔納廣場。奧運聖火的到來是阿拉木圖市乃至哈薩克斯坦體育史上規模最大、最為隆重的一次盛事，因此，阿拉木圖各學校屆時將放假一天，以滿足青少年們一睹奧運火炬風采的心願。

粉飾一新的阿拉木圖主要街道兩旁、公共汽車站、商鋪門前、市中心廣場，以及離市中心近二十公里、作為火炬傳遞重要地點之一的麥迪奧風景區，宣傳北京奧運的大幅宣傳畫隨處可見，「點燃激情、傳遞夢想」的口號迴蕩在阿拉木圖市上空。走在大街上，阿拉木圖市市民們都友善地與我們打招呼，北京奧運會和火炬傳遞成為彼此交談的主要話題。

　　北京奧運火炬傳遞阿拉木圖站共有八十名火炬手，其中有十名在哈工作的中國公民，包括時任中國駐哈薩克斯坦大使張喜云。火炬手中最年長的八十歲高齡，最年輕的僅有十六歲。

　　八十歲高齡的柯加金曾是哈薩克斯坦著名運動健將，至今仍每天堅持鍛鍊，他在自家的院子裡向我們展示了輕盈、矯健的步伐，表示成為火炬手是他一生中最幸福的事情。當時只有十六歲的維達利是年齡最小的火炬手，二〇〇七年獲得了國際奧林匹克數學競賽的第三名，同學和老師都為他成為火炬手感到榮耀。他的校長表示，將率全校五百名師生為他助陣。

　　弗拉基米爾‧斯米爾諾夫一九六四年出生在哈薩克斯坦的一個小鎮，蘇聯時期就已成為一名出色的運動員。豐富的運動生涯使他在眾多候選人中脫穎而出，是他成為北京奧運火炬傳遞阿拉木圖站火炬手的主要原因。他的辦公室擺放著獎盃和獎牌。他從一九七八年開始從事專業體育運動，在滑雪項目上成績斐然，曾四次參加冬季奧林匹克運動會，獲得過一枚金牌、四枚銀牌和二枚銅牌。此外，還在其他世界大賽中獲得過五次冠軍。這是他第二次擔當奧運火炬手，但他認為參加北京奧運火炬傳遞是他一生中最幸福的一件事，因為這一重大活動在自己的家鄉進行，而且他與北京奧運會有著深厚的

淵源。二〇〇一年，他作為國際奧委會成員之一，在莫斯科參加了北京競選二〇〇八年奧運會主辦權的投票工作並投了北京一票。他面帶微笑地對記者表示，支持北京舉辦二〇〇八年奧運會是正確的選擇，北京奧運會的準備工作、組織工作和場館建設都是非常出色的，北京奧運會一定會以其盛大和出色載入奧運史冊。

中國南方航空公司阿拉木圖辦事處總經理馬健麋成為在哈華人火炬手之一。他說，作為哈國華人華僑、中國駐哈企業、中國民航的代表參加阿拉木圖聖火傳遞，是無上的光榮，也是他一生中最難忘的一刻。尤其作為南航長期在海外工作的人員，更使他感到無比自豪。

喜迎聖火

當地時間二〇〇八年四月一日十三時十二分（北京時間一日十五時十二分），北京奧運會聖火抵達「和諧之旅」的首站——阿拉木圖市，拉開了二〇〇八年北京奧運會火炬境外傳遞的序幕。

「和諧之旅」的首站之行非常順利，奧運包機比原定時間早一些到達阿拉木圖的機場。當地溫度零上十六攝氏度，天氣晴好、萬里無云。北京奧組委執行副主席蔣效愚提著聖火燈走下舷梯，受到了前來迎接的阿拉木圖市和哈薩克斯坦奧委會代表以及市民的熱烈歡迎。在展示聖火燈後，蔣效愚將其

交給隨行的兩位聖火護衛隊員。阿拉木圖市副市長塞杜馬諾夫、哈奧委會秘書長多瑟姆別托夫、中國駐哈大使張喜云等到舷梯前迎接，四名身穿民族服裝的哈薩克斯坦女青年向代表團主席敬獻了鮮花。簡短的歡迎儀式後，聖火在護衛隊的護送下運到洲際賓館。

北京奧組委火炬中心新聞發言人曲瑩璞在接受記者採訪時說：「為了取得開門紅，火炬中心相關聯絡員此前已到本市作過三次訪問，先遣人員也於三月二十六日就抵達阿拉木圖市，會同使館人員與當地組委會做了大量準備工作。目前籌備工作已經就緒，相信二日的火炬傳遞一定會取得圓滿成功。」哈薩克斯坦方面火炬接力新聞負責人薩肯‧貝爾巴耶夫在接受採訪時說：「我們組委會過去幾個月來一直都在刻苦努力地工作，考慮到了所有的細節問題。今天我們還進行了預演測試，一切運轉都很順利，明天的活動肯定會取得成功。」

總統出發

二〇〇八年四月二日，阿拉木圖市一派節日氣氛，身穿節日盛裝的市民紛紛趕往各地段觀看火炬傳遞儀式。

早晨八時，記者們聚集在阿拉木圖市政府大樓前，準備出發去距市區近二十公里處的麥迪奧高山滑冰場，北京奧運會阿拉木圖站火炬傳遞的開幕式

就在這裡舉行。沿途隨處可見「點燃激情，傳遞夢想」、「BEIJING 2008」、「和諧之旅」等宣傳牌。

阿拉木圖站火炬傳遞開幕式現場

　　麥迪奧位於阿拉木圖市東南、海拔一千六百多米的外伊犁山麓的阿拉套山上，氣候溫和，太陽輻射、氣壓和風力適中，冰質潔淨，為開展速滑等運動創造了極好的條件。這裡舉辦過無數次重大賽事，有「世界上最出色的滑冰場」和「創造紀錄的工廠」的美譽。冰場周圍及看台上裝飾一新，北京奧運會及火炬傳遞的宣傳牌格外醒目。能容納六千人的看台上座無虛席，各觀眾區統一穿著紅、黃、藍、綠四種顏色的服裝。冰場中間，身穿民族服裝的少年表演民族舞蹈，數十名彩旗手相伴中間。

北京奧運火炬境外傳遞「第一人」——哈薩克斯坦總統納扎爾巴耶夫

十二時，火炬傳遞開幕式正式開始。哈總統納扎爾巴耶夫出席並發表講話，特別強調「在偉大鄰邦中國以及中國國家主席胡錦濤的支持下，阿拉木圖市成為北京奧運會聖火境外傳遞的第一站。在全世界的見證下，多民族的哈薩克斯坦向奧運聖火獻上了自己的祝福。哈薩克斯坦為此感到自豪，感謝中方的友好情誼」。他宣布火炬傳遞開始後，主席台後面的和平鴿飛向藍天，北京奧運會吉祥物福娃也隨著氣球在冰場中間冉冉升起。隨後，奏哈國歌和奧運會會歌。北京奧組委副主席蔣效愚手提火種燈，帶領三名護衛手走到主席台前，向觀眾展示火種燈後，將奧運火炬點燃，轉交給中國駐哈大使張喜云，由他莊重地將火炬交給納扎爾巴耶夫總統。

哈總統納扎爾巴耶夫身著一身白色運動服，將奧運火炬高高舉起，看台上掌聲和歡呼聲雷動。人們期待已久的驚喜終於出現。納扎爾巴耶夫擔當起哈第一個火炬手，也是北京奧運火炬境外傳遞「第一人」。他手舉「祥雲」火炬來到冰場周邊跑道緩步起跑，不時地向看台觀眾揮手致意，觀眾立時沸騰起來，起立鼓掌為其助威。而後，納扎爾巴耶夫將火炬傳給二〇〇四年雅典奧運會拳擊冠軍阿爾塔耶夫……

冰火交融

哈薩克斯坦將聖火傳遞第一階段的終點選擇在冰場，向上是氣勢磅　的雪山，山峰上的白雪終年不化。山上白雪皚皚，山下青松翠柏，交相輝映，蔚為壯觀。冰場和雪山之間橫亙著一條高高的大壩，左側有一條二百米長的人工滑雪道，是專門為火炬傳遞準備的。因設有隔離帶，記者只能遠遠觀看，只見滑雪道兩旁人山人海，圍得水洩不通，不時傳來喝采聲。滑雪火炬手是曾四次參加冬奧會、獲得一金四銀二銅戰績的斯米爾諾夫。身旁的當地記者說，他是哈薩克斯坦的英雄，是哈運動史上獲得獎牌最多的運動員，深受人們的尊敬。

別特魯辛是第一階段最後一名火炬手，曾騎摩托進行環球旅行，得知被推舉為北京奧運會火炬手後，他特地從外地坐飛機趕回來參加火炬傳

遞。別特魯辛的摩托車非常漂亮，左扶手上插著火炬，在四十名摩托車手護衛下徐徐駛向第一階段的終點。

我們從山上匆忙往下趕，參觀下一階段比賽。行走在路兩旁的觀眾手舉五環旗向記者們揮舞致意，不時地能聽到「你好，北京」等中文問候語。

第二階段火炬傳遞精彩紛呈。當地時間十五時，第二階段火炬傳遞從市內的共和國宮開始，沿著友誼大街向南至阿爾法拉比大街向西，再向南沿著富爾曼大街傳遞，然後經過獨立廣場等重要地段，最後到達阿拉木圖站火炬傳遞的終點站阿斯塔納廣場。

這一階段最有特色的火炬傳遞是在獨立廣場。記者匆匆趕到時，只見廣場已一改以前面貌，彷彿來到了古絲綢之路上的小鎮。鎮上有十幾個氈房，

火炬手騎馬傳遞聖火。

氈房間樹立著哈民族樂器冬不拉和口貝斯等，氈房內有彈唱冬不拉的、有經營商品的，也有開設供行人休息打尖的小餐館的，所有氈房前都站著身穿民族服裝的俊男靚女。「買樂器的市民」阿伊納什說，除氈房外，其他設施都是工人們連夜搭建的，起名為「東方巴扎（市場）」，意在火炬經過這裡有穿越時空的感覺，也告訴人們古絲綢之路緊緊地將哈中兩國人民聯繫在一起，讓奧運火炬照亮這條偉大的絲綢之路，使其不斷向前延伸。

突然，鎮子裡的「百姓」一陣騷動，所有人將目光投向東方。十名騎著駿馬的哈薩克小夥子在鎮子裡玩起了叼羊比賽，這可是哈薩克人的傳統比賽項目。比賽難分勝負。這時，一個駝隊走

火炬手跑入阿斯塔納廣場。

進小鎮，彷彿是剛剛趕集回來。緊隨其後，一名火炬手高舉奧運火炬進入小鎮。小鎮立刻沸騰起來，火炬手將火炬傳給騎著高頭大馬的 48 號火炬手薩德科夫。鎮子裡的人似乎忘記了自己的身分，停下了手中的活計，敬望著聖火。經營樂器的娜達莎說，這一刻真是太美妙了，我的心靈得到了淨化，思緒也跟著火炬飛向了北京奧運會現場，「很想到北京觀看觀看奧運會」。記者離開小鎮時，很多「市民」雙手緊握著喊：「友誼！」

當我們徒步趕到幾公里之外的終點阿斯塔納廣場時，所有人都在翹首期盼最後一名火炬手的到來。十七時，最後一名火炬手跑入廣場，在場的觀眾都不約而同地高喊「烏拉」，祝賀北京奧運會阿拉木圖站火炬傳遞圓滿結束。

阿斯塔納廣場頓時鼓樂喧天，開始了慶祝活動。人們隨著動聽的歌聲盡情地舞動，抒發一天來的喜悅心情。來自阿爾馬林區的阿伊努什說，聖火已在我心中，又是一個難忘的不眠之夜。

夜幕徐徐降臨，聖火號起航了，將奧林匹克精神的最高象徵，代表和平、友誼、希望和光明的聖火傳向下一個目標……

舉國祝願

哈薩克斯坦主要媒體都開闢專欄或整版地報導火炬傳遞盛況。哈薩克斯坦《真理報》三月二十

八日發表的《用心感悟奧運火炬》文章說，奧運火炬經過阿拉木圖傳遞是非常罕見的重大事件，並不是每個人一生都有幸親眼目睹奧運火炬傳遞的。在阿拉木圖站，火炬傳遞將從世界上著名的高山滑冰場和高山滑雪場開始，這一刻，世界上數以億計觀眾的目光將聚焦在這裡，向全世界展現哈薩克斯坦美麗的自然風光，這樣的宣傳效果單靠哈薩克斯坦人推介是不可能達到的。該報三月二十九日「火炬傳遞」專欄援引阿拉木圖副市長塞杜馬諾夫的話說：「試想一下，全世界有四百五十多個大都市，火炬傳遞只經過五大洲的二十二個城市，而且就從阿拉木圖市開始、從哈薩克斯坦開始，這是多麼大的榮幸！」這充分體現了中哈兩國領導人和兩國人民之間的友好關係。哈薩克斯坦國際級教練、著名馬拉松運動員巴爾塔巴耶夫說：「哈薩克人有句俗語說『興奮在心裡是裝不下的』，在聖火即將到來之際，我就是這種心情。」他說，人生下來就從太陽那裡獲得一部分能量，四月二日我將從希臘最好的太陽那裡得來的聖火中補充能量。哈薩克斯坦報紙四月一日均在頭版顯著位置介紹了奧運聖火抵達的盛況。哈《體育報》文章說，聖火抵達阿拉木圖是難忘的時刻，是善良戰勝邪惡、光明戰勝黑暗的時刻，是哈薩克斯坦人民和世界人民同時站在奧運舞台的時刻。「這一重大事件後，我們不可能什麼都不改變，明亮的聖火淨化了我們的心靈」。

　　八月八日晚北京奧運會開幕之際，哈薩克斯坦

各大媒體和官方網站對開幕式進行了充分報導。哈薩克斯坦通訊社對北京奧運會開幕式進行了跟蹤報導，第一時間將開幕式盛況傳遞給哈薩克斯坦人民。

八月九日，哈薩克斯坦《真理報》頭版頭條發表了《北京點燃希望》的署名文章，詳細報導了北京奧運會開幕式盛況。文章說，世界上四十億左右觀眾目睹了彌足珍貴、史無前例的奧運開幕式盛況，特別是北京神話般的夜晚給那些有幸進入「鳥巢」的觀眾留下了永久的、難以忘懷的印記。文章指出，北京奧運會開幕式沒有辜負人們的期待，甚至超出了人們的想像。這一盛況是難以忘懷、如夢如幻、充滿激情的，同時科技含量很高，向人們展示了美妙、博大精深的中國歷史和文化長卷。此外，該報從即日起開辦專版，及時報導北京奧運會賽況。

八月十五日，哈薩克斯坦《真理報》發表文章說，毫無疑問，阿斯塔納和阿拉木圖在準備二〇一一年亞冬會時，應該借鑑北京奧運會的成功經驗，認為北京奧運會有其鮮明特點，開幕式選在二〇〇八年八月八日晚上八點舉行本身就很有創意，也浸透著中國文化內涵；比賽場館建設之迅速和宏偉都是世界一流的，相信北京奧運會一定能夠辦成前所未有的體育盛會。

難忘的一次滅蝗大戰

張維利

（中國外交部歐亞司參贊，

原駐哈薩克斯坦使館參贊）

　　一九九二年七月，我到外交部工作後第一次出國，即隨中國青年聯合會代表團到訪獨立不久的哈薩克斯坦。這是一個美麗遼闊的中亞大國。

　　剛下飛機，我即被雪山腳下停放著成排成排大小各異、用途不同的各型號飛機的阿拉木圖機場所震撼。巍峨聳立的麥迪奧雪山，寧靜流淌的伊犁河水匯聚而成的卡普恰蓋水庫，熱情奔放、好客的哈薩克百姓，以及中亞民族特有的豐富多彩的美食和水果，都給我留下深刻的印象。

張維利在哈薩克斯坦。

後來，我又於二〇〇一年至二〇〇六年常駐哈薩克斯坦使館，工作和生活中的許多點點滴滴使我結下了深厚的哈薩克斯坦情結。其中，二〇〇四年夏天那場突如其來的中哈聯合滅蝗大戰，一直令我難以忘懷。

哈薩克斯坦與中國之間有一千七百多公里的邊界線，其中很多地方自古以來是兩國游牧民族放牧的草場。牧場豐茂的水草養育著世世代代生活在草原上的牧民，牽繫著兩國邊民的心。但是，進入二〇〇〇年以後，新疆地區蝗蟲災害高發，特別是與哈國接壤的邊境草原，每年受災面積都在數千萬畝左右。這些蝗蟲跨越國界，肆意遷徙，危害牧場和農田，給當地人民生產、生活以及生態造成了巨大危害。

為了防治蝗蟲，經雙方友好協商，中哈兩國於二〇〇二年專門簽署了《中華人民共和國農業部和哈薩克斯坦共和國農業部關於防治蝗蟲及其他農作物病蟲害合作的協議》。而就在該協議簽署後一年半，二〇〇四年夏天，中哈邊境地區就爆發了嚴重的蝗災。

據監測，大批的亞洲飛蝗和意大利蝗自中哈邊界哈方一側向新疆阿勒泰吉木乃地區擴散。這些蝗蟲成群結隊，密度為每平方米一千至三千隻，寬二百公里，縱深達五十公里，遮天蔽日。飛蝗所過之處，無論是農田的莊稼，還是草原上的牧場，都被一掃而光。

中哈邊境地區蝗蟲成災。

　　中國農業部及新疆自治區政府高度重視治蝗工
作，並調撥專款用於救災。國務院主管領導看到情
況匯報後立即指示：要高度重視並採取得力措施，
把此次蝗蟲災害控制在最低程度。農業部要進一步
協助和支持地方，組織好對入境蝗蟲的防治工作。
外交部要通過外交途徑與哈薩克斯坦方面交涉，協
同防治，以減輕中方壓力。當日，李肇星部長要求
外交部歐亞司和中國駐哈薩克斯坦使館同時向哈方
提出緊急交涉。

　　接到部長的親自指示，周曉沛大使立刻交代我
起草致哈薩克斯坦外交部的照會。我當時在使館雙
邊組工作，負責兩國外交部之間的具體交涉事宜。
我當即擬就了照會，派秘書直接送達哈國外交部。

　　六月底，蝗災繼續蔓延加重。中方決定組織人
員跨境滅蝗，並由新疆方面與哈國邊境州縣直接聯
繫。然而，中哈地方政府就蝗蟲防治問題進行初次
工作接觸後卻未能達成一致。

七月五日，事情出現了轉機。當日，哈外交部照會我駐哈使館，提出希望雙方根據二〇〇二年十二月簽署的關於防蝗蟲及其他病蟲害合作協定，於七月八日至十五日在東哈薩克斯坦州和阿拉木圖州的一些邊境地區對蝗蟲災害進行聯合考察。使館領導立即命我將此信息通報國內。但第二天，我地方外辦卻回告，鑑於我境內滅蝗工作進展順利，且雙方邊境地區已就此進行了溝通和磋商，同意各自在本國境內滅蝗，我不跨境作業，也不再與哈方共同作業。我將這一情況作了匯報，大使命我仍要繼續予以密切關注。這一變化，使本已啟動的聯合滅蝗行動計劃暫時處於停滯狀態。

　　到了七月中旬，情況出現新的變化。七月十四日，我主管部門通知哈薩克斯坦駐華使館，由於蝗情出現了反覆，中方同意哈方關於在哈境內幾個邊境毗鄰區進行聯合治蝗考察的建議，並提出考察時間改為十九日至二十九日。同時指出，由於我方邊境地區蝗蟲災害嚴重，希望雙方有關部門加強溝通與合作，共同防治災害，在必要情況下，允許中方飛機、機械進行跨境滅蝗作業，並向哈方提供了我方專家組名單。

　　七月十六日，外交部歐亞司指示駐哈使館就聯合滅蝗事緊急與哈方協商。周曉沛大使立即打電話給哈外交部主管官員，就聯合治蝗行動做哈方工作。與此同時，外交部歐亞司司長周力根據部領導的指示，也緊急約見哈駐華使館臨時代辦。

七月二十日，駐哈使館收到哈外交部的復照，同意於七月十九日至二十九日與我開展聯合考察，然後根據考察情況決定是否開展聯合治蝗、是否需要中方飛機及機械進入哈方境內作業。同時，哈方向我提供了由五名植物保護專家組成的考察組名單。收到照會後，為加快辦案效率，我立即按館領導的指示，打電話通報外交部。歐亞司立即將上述消息轉告了農業部國際合作司。沒過多長時間，我辦公桌上的電話再次響起。哈外交部亞非司參贊薩爾辛別科夫告訴我，經內部認真研究，哈農業部同意由兩國有關部門在哈中邊境地區開展聯合治蝗行動，允許中方飛機、機械進行跨境滅蝗作業。

　　然而，就在我們為終於獲得哈方許可而感到鬆了一口氣的時候，孰料第二天風雲突變。七月二十一日一早，薩爾辛別科夫參贊一上班就把電話打到我辦公室，稱根據哈境內的蝗災情況，經再次研究，哈農業部認為，由於哈方在哈中邊境哈方一側

中哈治蝗合作第五次
聯合工作組會議

採取了一系列治蝗行動，目前該地區已基本無蝗蟲。另外，由於滅蝗最佳時機已過，哈方認為雙方已沒有必要再採取聯合滅蝗行動。如中方認為有必要，雙方可進行聯合考察行動。哈方已向中方提供了哈方專家名單，中方可提出聯合考察的具體日期。

真是一波未平，一波又起。我農業部於第二天照會哈駐華使館，通知哈方，中方將按原計劃派治蝗聯合考察組一行五人於七月二十四日赴哈。當日，我農業部一名副部長親自飛抵新疆，現場指導滅蝗工作，與專家組共同研究制定中哈聯合治蝗考察方案。

七月二十二日，哈方最終確認，將按中方建議時間接待中方專家組赴哈考察。此後，通過雙方各部門通力合作，蝗蟲災害被遏制住了，兩國首次防治蝗蟲聯合行動取得了預期成效。

李肇星部長對新疆地區治蝗的後續工作十分關心。他不時詢問有關情況，並囑：此次蝗災較重，關係到老百姓的切身利益，駐外使館對這類事件一定要高度重視，做好相關工作。駐哈使館這次工做作得怎麼樣？如果做得好，要表揚；做得不好，要批評。過了不久，使館受到了外交部的表揚。當然，我心裡也是甜甜的。

從此以後，中哈兩國邊境地區聯合治蝗工作一直密切有序地進行。雙方聯手對付這種「非傳統安全威脅」，也增進了兩國人民之間的傳統友誼。

絲路精神的傳承者

————中哈石油人的故事

蔣奇

（中國石油阿克糾賓公司原總經理）

　　哈薩克斯坦是古絲綢之路上的一顆璀璨明珠。自一九九七年開始，中國與哈薩克斯坦開展油氣合作，結下了豐碩的成果，為兩國人民友好交流增添了新的篇章，中哈石油人成為絲路精神的傳承者。

　　自一九九五年第一次踏入哈薩克斯坦到二〇〇五年離開，我在哈薩克斯坦工作了整整十年。回想當年，浮想聯翩。我見證了中哈油氣合作從無到有、從疑問到收穫的過程，也難以忘懷那些為中哈油氣合作作出巨大貢獻的絲路傳承者。希望這些發生在我身邊的故事能激勵新一代的絲路人繼續奮鬥，為中哈人民友誼作出貢獻。

回饋哈國社會

　　二〇〇〇年四月，中國石油天然氣集團公司副總經理吳耀文來到中國石油阿克糾賓公司檢查指導工作。訪問期間，吳耀文與阿克糾賓州州長穆欣進行了一次深入的會談。穆欣高度評價了中方對阿克

糾賓州社會和經濟發展所作的貢獻，他指出，中國石油投資修通扎那諾爾—阿克糾賓輸氣管道，並將公司所產天然氣以低價銷售給當地居民，有力地解決了阿克糾賓州冬季的取暖問題。吳耀文則承諾公司將繼續為當地的農業、文教衛生、體育等領域提供支持。

會談結束後，第一副州長找我，希望準備一個會談紀要，以便日後執行。考慮到州府承諾為我們加快辦理勞務許可、徵地等，如能書面記錄下來，也便於工作的推進，所以我提議準備一個合作備忘錄，將我們已完成的工作和計劃完成的工作都明確下來。當天夜裡，我就拉著公司的法律專家與州經濟局局長一起整理出了中國石油與阿克糾賓州府的經濟合作備忘錄。第二天下午，吳耀文與州長正式簽署。沒想到的是，州長在記者招待會上當場宣讀了備忘錄。當時我還有點擔心，因為這相當於讓全社會都來監督中石油與阿克糾賓州的承諾。但吳總告訴我，我們不怕社會監督，備忘錄體現了州府與中石油真誠合作的願望，我們投資者就需要當地政府的明確支持，中國石油也是說話算數的，目的就是為當地社會創造福祉。中石油與州府簽署合作備忘錄的消息公開後，引起哈國政府和社會的廣泛好評。時任哈國總理托卡耶夫與中國石油代表團會晤時，高度評價吳總與穆欣州長卓有成效的會談，並指出，備忘錄是哈政府、阿克糾賓州與中國石油天然氣集團公司及阿克糾賓油氣股份公司之間達成的

相互理解，他對此表示滿意。

　　根據這份備忘錄，中國石油阿克糾賓公司每年都為當地農業生產、教育機構、醫院、殘疾人機構、孤兒院、療養院、幼兒園、疾病防治機構等提供資金和設備支持，包括派遣兩名優秀的乒乓球教練到阿克糾賓培訓運動員，建立一個年產九十噸蔬菜的溫室基地，四季提供西紅柿、黃瓜等新鮮蔬菜，後來又陸續種植了鮮花。

　　在執行完第一份備忘錄後，我們又陸續與州府

中石油在阿克糾賓修建的溫室農業基地和贈送的救護車。

納扎爾巴耶夫總統視察中石油在阿克糾賓建設的溫室農業基地。

繞，綠樹成蔭，環境優美。由於實行了私有化，開放夏令營需要大筆的開銷，所以很多企業要麼賣掉改作他用，要麼收費開放。我們的夏令營怎麼辦？吳總指示，要繼續免費開辦夏令營，還要擴大接待能力並改善條件，要讓石油工人的孩子以自己的父母為榮。

我們專門劃撥一筆費用來保證夏令營的運營，每年都能接待上千名孩子，公司總經理都親自出席開營典禮，祝願孩子們生活愉快。我們不僅安排當地員工的子女，還安排暑假來阿克糾賓探親的中方員工子女參加夏令營，與他們一起生活。當時，我也把自己剛到阿克糾賓的孩子送到夏令營。因為語言不通，第一天晚上她一直不肯睡覺，夏令營老師

就摟著她睡，給她唱兒歌。第二天她就與當地孩子們打成了一片，還參加體育比賽、舞蹈訓練，打扮成十足的哈薩克女孩。如今她在美國上大學，與同校的哈薩克女同學自然而然就成了好朋友。

向二戰老兵贈送住宅的行動至今仍讓我深受感動。當時公司在阿克糾賓市內有一棟未完工的住宅樓，由於供水供電等公共工程問題一直沒有得到解決，成了一座爛尾樓。公司內部研究時，有領導提議將住宅樓裝修後，在反法西斯戰爭勝利五十八週年之際與州府共同組織活動，贈送給二戰老兵，以

「石油工作者」夏令營的中哈孩子們

蔣奇總經理（前排右3）與州長一起出席向老兵贈送住宅儀式。

表達對他們的敬意。我找新任州長提出建議後，他非常高興，親自打電話給電力部門解決供水供電等外圍工程。為了確保工期，我們組織公司下屬建設隊伍用了三個多月時間完成裝修，並與州府共同審查確定了贈送對象名單，名單中也包括參加過中國東北抗日戰爭的老兵。五月五日，在勝利節來臨之前，州府與我們共同舉行了一個贈房儀式，我和州長向老兵們贈送房間鑰匙，並參觀了幾家已搬入的家庭。許多老人緊緊拉住我的手，滿含熱淚地說：「謝謝中國石油公司，謝謝中國人民。」

中國石油阿克糾賓公司為當地社會所作的貢獻，得到了哈薩克斯坦政府領導和普通百姓的衷心稱讚。當地老百姓豎起大拇指說：「中國石油公司不僅救活了我們的油田，還給老百姓做了那麼多實事，我們歡迎這樣的投資者！」

默默耕耘的「築路人」

中哈油氣管道不僅將豐富的哈薩克斯坦油氣資源輸送到購買力強的中國市場，而且成為兩國人民友好的紐帶。如果說當年的駝隊是承載古絲綢之路的載體，那麼，今天的中哈油氣管道就是新絲路的象徵，而從事管道建設的石油人就是新絲路的築路人。

二〇〇五年十二月，中哈原油管道一期工程投產時，納扎爾巴耶夫總統說：「當我一九九七年提議修建這條管道時，所有人都認為這是天方夜譚……現在，整個地區都在沸騰，哈中兩國的經濟必將得到進一步的發展！」確如總統所言，中哈原油管道的建設過程並非一帆風順，而是克服了眾多困難，在兩國有識之士共同推動下，頂著來自不同方向的壓力，一步一個腳印才走到了今天。有無數的築路人為這條新絲路默默耕耘。曾任哈國家油氣公司總裁的卡貝爾金，從一開始就堅定推動中哈油氣管道建設。

我與卡貝爾金是在一九九七年相識的，當時他是剛成立的哈薩克輸油公司副總裁，參與了當年中哈石油合作協議的談判。在我擔任中哈油氣管道建設協調委員會中方主席期間，他是哈方主席，所以我倆經常在一起開會研究問題。在我的印象中，他溫文爾雅，專家味兒十足，但關鍵時刻會與你吵得面紅耳赤，不歡而散。我與卡貝爾金商談最多的項

蔣奇與卡貝爾金簽署肯阿管道建設合作備忘錄。

目是肯阿管道，即從肯基亞克到阿特勞的原油管道，全長四百四十八公里。二〇〇〇年底，我參加了哈政府副總理主持召開的專題會議，副總理要求我們配合支持哈輸油公司修建肯阿管道。會後，卡貝爾金給我介紹了項目的可行性研究結果，希望我們同意提供穩定的油源。我當場同意，但希望能獲得穩定的出口保證。卡貝爾金拍著胸脯保證，只要中方同意供應原油，他一定會協調中國公司的原油出口配額。二〇〇一年十二月，經過幾輪磋商，我們在阿拉木圖成立了中哈間第一個管道合資企業「西北管道（輸油）公司」。我和卡貝爾金都是合資公司董事會成員。

肯阿管道是哈薩克斯坦獨立後修建的第一條原油管道。經過不到一年的施工，二〇〇三年三月二十八日竣工投產。卡貝爾金為肯阿管道建設傾注了很大的心血，多次和我一起乘直升機巡視施工現場。中途，我們還降落到哈薩克牧民的院子裡，席

地而坐喝奶茶。在他的極力推薦下，我第一次喝了駱駝奶，口感酸酸的，似乎還帶一點酒精。

二〇〇三年，我們共同組織了中哈原油管道一期的可行性研究。我們一起乘車踏勘中哈原油管道，路過巴爾喀什湖時，卡貝爾金堅持拉著我一起跳入湖中戲水，讓我感受了哈薩克人民的豪爽和淳樸。二〇〇五年年底，我離開了哈薩克斯坦，而卡貝爾金繼續參與組織了中哈原油管道二期和中哈天然氣管道的建設。

喚醒沉睡的寶藏

肯基亞克鹽下油田既是中國石油接手阿克糾賓項目後組織建設的第一個新油田，也是一個難啃的老油田。由於地下狀況異常複雜，儘管油田已發現二十多年，卻始終未能投入開發。一九九七年，我們進入阿克糾賓項目時，哈政府無償將開採許可證授予了中國石油，希望依靠中方的技術和資金，將這塊沉睡多年的寶藏開發出來。正當我們組織物探隊開展 3D 地震勘探的前夕，政府突然決定中止油田許可證效力，理由是我們沒有完成投資義務。但實際情況是，公司已完成對歷史資料的研究和全面診斷，並已制定下一步工作計劃，馬上就要開展具體物探工作了。而且，石油合同規定的投資期限尚未結束，完全談不上是否完成投資義務。所以，我相信，只要向政府說明情況，一定能恢復許可證效

肯基亞克鹽下油田新
井試油。

力。經過五個月的申辯、解釋和談判，政府最終作
出了恢復許可證效力的決定。當我拿著決議回到阿
克糾賓時，總經理興奮地擁抱著我說：「這是蔣奇
為我們公司帶來的最好祝福。」現在看來，真要感
謝哈能源部和地質委員會裡那些正直的領導和專
家，如沒有他們的理解和支持，鹽下油田說不定到
現在還沒有得到開發。

為解決鑽井難題，中國石油總部派來了最有經
驗的鑽井老總，現場指導工作。經過中哈專家的共
同努力，鹽下油田相繼完鑽和投產了多口高產井，
實現了歷史性突破。當時吳總還提出了新的工作思
路，就是將油氣混輸到四十公里以外的讓那諾爾油
氣處理廠集中處理。建設運營距離如此之長、輸量
如此之大的油氣混輸管道，在世界上都是少有的，
這無疑是一個巨大的技術挑戰。經過實地勘察和計
算機模擬計算，我們在最短時間內完成了肯基亞

克一讓那諾爾油氣混輸管道建設並順利投產，實現了鹽下油田的高效清潔開發。通過攻關和創新，我們將油田產量從二〇〇二年的六點一四萬噸提高到二〇〇五年的一百六十七點六萬噸，將不可動用的可採儲量轉變為可以高效開發的優質儲量，讓沉睡多年的地下寶藏得以開發利用。

難忘的兩次總理來訪

隨著中國石油阿克糾賓公司對當地社會經濟發展和人民生活水平提高的貢獻越來越大，公司也越來越多地受到政府的關注和青睞，經常有政府代表團來公司參觀和指導。歷屆政府總理每年都來公司檢查指導工作，給我印象最深的是托卡耶夫和阿赫

托卡耶夫總理（前排右5）訪問中國石油阿克糾賓公司。

梅多夫總理來訪。

　　二〇〇〇年五月底，時任政府總理托卡耶夫來我公司，聽取了工作匯報，並來到油田現場，了解公司生產經營狀況和當地員工的生活情況。我們也匯報了公司經營中遇到的困難，包括原油出口配額、中國專家的勞動許可和農業欠款等問題。托卡耶夫當場表態，會在不久後組織的明斯克會議上解決我們公司的原油出口配額，也會責成相關部門加快辦理中國專家的勞務許可，同時希望公司盡量多地使用和培養哈薩克斯坦專家。總理要求我們加快完成老天然氣處理廠的改造，向州裡供應更多的天然氣。中午吃飯的時候，他還用中文與我們交流，回憶他在中國擔任外交官的生涯以及他對哈中友好重要性的認識，鼓勵我們安心在哈薩克斯坦工作，為哈中友好多作貢獻。臨別時，我請他為公司題詞，他欣然寫下「祝阿克糾賓公司圓滿成功」。

阿赫梅多夫總理（前排左2）稱讚中國石油是外國投資者的榜樣。

二〇〇三年八月，時任政府總理阿赫梅多夫計劃訪問阿克糾賓。獲悉這個消息時，我剛好在北京參加會議，此時距總理的訪問只有三天了。為了趕在總理訪問前回到阿克糾賓，我第二天一大早就從北京飛往烏魯木齊，然後轉機到中哈邊境城市伊寧，再連夜坐汽車通過公路邊境檢查站趕到阿拉木圖，第三天飛到阿斯塔納，再轉乘安-24飛機到阿克糾賓。經過近四十八小時的奔波，我終於在總理來訪前趕到了。我向阿赫梅多夫匯報公司生產經營成果，並陪同參觀了新廠。總理對由中方設計、施工和以中國設備為主的新油氣處理廠讚不絕口，認為中國人媲美國人幹得好。他對中石油認真履行投資義務、積極參與支持當地政府工作給予了高度評價，讚揚中石油為在哈其他投資者樹立了一個很好的榜樣。

絲路新驛站

二〇〇一年九月，時任中國國務院總理朱鎔基訪問哈薩克斯坦。納扎爾巴耶夫總統提議在阿斯塔納建設一座中國風格的酒店，朱總理當場接受了這個提議，並安排給了代表團中的中國石油領導。中國石油總部要求我們立即與阿斯塔納市府溝通，儘快組織實施兩國領導人達成的共識。我首先拜會了阿斯塔納市市長，他告訴我，總統與中國總理會談時他就在現場，總統也要求他儘快與中國石油商談

時任中國石油天然氣集團公司副總經理吳耀文（講話者）與阿斯塔納市市長共同出席北京大廈奠基儀式。

此事。按照總統的指示，他已經把阿斯塔納最好的位置劃給了中方，請中方儘快派遣設計專家來哈，完成勘察設計後上報市政規劃部門批准就可施工。

從市長辦公室出來後，我立即進行了匯報。北京總部非常重視，決定聘請一流的建築設計院來完成設計工作。北京中建建築設計院在接到任務後也非常重視，立即與我們取得聯繫，並派出五人專家組，與阿斯塔納城建規劃部門的專家進行了交流。原先規劃的是兩棟連體圓柱形現代化酒店，為了體現中國風格，我們將酒店外形設計為一隻昂首的鳳凰，取「百鳥朝鳳」的含義，並設計了逐級上攀的屋簷，象徵「節節高昇」。整個大樓的外形構思寄託了中國石油人祝願哈薩克斯坦人民生活越來越幸福的心願。為了能讓當地人很快記住酒店，我建議為大樓取名「北京大廈」。

北京大廈的設計方案獲得批准後，我們舉行了隆重的奠基儀式，阿斯塔納市市長舒克耶夫和中國石油領導一起出席並致辭。市長說，北京大廈處在新商業中心的中心地段，具有像徵意義。他堅信，市府將與中國公司共同完成這個「總統布置的任務」。為了體現北京大廈的重要性，市府還把北京大廈項目列入慶祝阿斯塔納建都十週年的重點工程，主管城建的副市長每週都定期來工地檢查進展，幫助我們解決建築員工的勞務許可辦理和物資清關工作。

二○○八年九月，北京大廈如期竣工投用。納扎爾巴耶夫總統親臨酒店視察，並說當初是他提議建設北京大廈的，他一直希望阿斯塔納市擁有一座中國特色的建築，今天大廈終於建成了，他為此感到高興。如今，功能齊全的北京大廈已成為哈薩克斯坦接待各國政要的定點賓館，承擔起絲路經濟文化交流的橋樑與平台，為哈薩克斯坦與世界的交流作出自己的貢獻。

「烏米特」希望的誕生

為了實現公司持續穩定的發展，我們積極申請參加哈油氣資源的風險勘探。經過競標，二○○二年我們獲得濱裡海盆地東緣中區塊的油氣資源勘探權。二○○五年六月，公司第二口探井獲得日產近二百立方米的工業油流。這是哈薩克斯坦獨立後最

中國石油贏得濱裡海盆地東緣中區塊油氣勘探許可證。

大的油氣發現，為該國油氣工業的持續發展提供了紮實的資源基礎。新發現的油田被公司命名為「烏米特」（哈語中「烏米特」的意思是「希望」），而這個「烏米特」誕生的過程卻充滿了戲劇性。

最初參加招標時，公司看上的是與現油田鄰近的北區塊。為了增加中標可能性，我專門請州長出具了推薦信，建議政府在同等條件下優先將許可證授予中國石油。還親自到能礦部部長辦公室，匯報了中國石油希望為哈國油氣資源勘查作貢獻的意願。但後來獲悉，參加該區塊競標的公司很多，競爭激烈。為此，我趕緊向領導匯報，並按預案填報了參與評價排在第二位的中區塊競標標書。最後，我們贏得了臨時填報的中區塊的許可證。

勘探工作一波三折。二〇〇四年，經過反覆論證的第一口探井出師不利，最後被證實為乾井。到底問題出在哪裡？是不是真的沒有希望？我把公司總地質師叫到辦公室，讓他逐一排查，看看到底什

麼環節出了問題。說到最後，他突然小心翼翼地說，莫非解釋構造時使用的速度場出了問題，因為所需的參數都是以前的老資料。我連夜下令尋找服務商，對新探井進行了測試，並根據獲得的數據建立了新的速度場，而依據新速度場完成的構造解釋與原來的評價結果大相逕庭。

二〇〇四年十月，根據新解釋出的構造圖，冒著失敗的壓力和風險，我們又開鑽了第二口探井。這口井終於沒有讓我們失望，第二年六月探井出油的消息傳遍公司。考慮到這個構造出了油，相鄰的構造肯定能找到石油，公司研究院院長拍著胸脯說：「蔣總，你就等著抱金娃娃吧。」這讓我興奮不已，因為這是我親自組織評價、談判和簽約獲得的區塊，也是我在經歷了第一口乾井的痛苦煎熬後冒著風險決策的探井。我把公司哈方副總經理和工會主席請到辦公室，說我們發現了新的資源，這是我們公司的希望，也是阿克糾賓州人民的希望。我提議，按當地油田發現後命名的習慣，用哈語來命名，要代表「希望」的含義。自此，中區塊發現的新油田就有了一個響亮的名字——「烏米特」。

後來，在中區塊的其他構造上陸續發現很多新油田。中區塊已成為公司產量新的增長點，也為阿克糾賓州經濟持續增長帶來了新希望。

石油夢　絲路情

孟繁春

（中石油中亞天然氣管道有限公司總經理）

　　我是一名石油管道人。在三十多年的職業生涯裡，我有幸在非洲、中亞參與和組織了多個中石油海外油氣管道項目，例如一九九八年投產的蘇丹穆格萊德 1/2/4 區原油長輸管道項目、二○○二年投產的蘇丹六區原油長輸管道項目等。特別是二○○四年起，我相繼參與建設了中哈油氣管道和中亞天然氣管道項目，這些沿著古絲綢之路延伸的油氣管道，不僅為中哈油氣合作奠定了新的豐碑，也為中國與中亞國家悠久的歷史交往和經濟合作增添了靚麗的現代色彩。

　　每當想起哈薩克斯坦那空曠寂冷的戈壁荒原和坦蕩無垠的碧綠草場上，管道如同鋼鐵長龍一般綿延在起伏的大地，那一張張真誠友善的笑臉、一雙雙堅定緊握的雙手就浮現在我的面前，將我帶回到中哈建設者們攜手奮戰的火熱年代……

完成「不可能完成的工程」

　　二○○四年夏初，波及全球的非典疫情漸漸平

息，很多重大對外合作項目重新啟動。就在那年六月，一紙調令將我從尼羅河畔的蘇丹調到中亞腹地哈薩克斯坦，負責組建中哈原油管道有限公司，並擔任中哈原油管道公司第一副總經理、中哈原油管道項目總經理。

消息來得突然，時間更為緊迫。我緊急趕到阿拉木圖後才具體了解到：管道一期西起哈薩克斯坦阿塔蘇，東至中國阿拉山口，全長九百六十二點二公里，一期設計年輸油量一千萬噸，是一個規模非常大的管道項目。

更讓我震驚的是，項目要求九月現場開工，二〇〇五年底必須完工投產，整個籌備期加施工期一共不到二十個月！可是，按照國際慣例，大型管道項目從公司成立到 EPC（即工程總承包）合同簽訂一般需要一年以上時間；從 EPC 合同簽訂到主體工程正式開工，期間還有施工許可及報批、銲接工藝評定、施工隊伍和設備動遷等大量的前期工作要做，這至少需要四個月時間；正式施工期更長達二到三年。

與蘇丹一望無際的沙漠不同，哈薩克斯坦連綿無際的草原、白雪皚皚的雪山令人陶醉。可是我根本沒心思欣賞美麗的風景，滿腦子想的都是雙方股東下達的死命令。因為中哈原油管道公司是中哈企業合作的第一個股比為 50%:50% 的公司，從公司管理制度到管理模式都無慣例可循，大家只能結合以往的工作經驗，在合作上做文章，合作共建、壓

力共擔。沒有合作，一切都是空談！

由於中哈在語言、文化背景、工作觀念等方面都存在差異，在合資公司組織機構和管理人員配備上，雙方剛一接觸就產生了分歧。為了拿出讓各自都信服的解決辦法，我和哈方總經理朱馬季拉耶夫商定：放下分歧，一個月內各自先拿出一套項目整體實施計劃和招標文件，然後再作決定。

不到一個月，當中方人員將按照國際慣例編制的厚厚幾大本 EPC 總承包工程招標文件和一套詳細完整的項目整體實施計劃放在朱馬季拉耶夫辦公桌上的時候，他一下子全明白了。他說：「孟先生，有你帶領這樣有實力和經驗的中方管理隊伍，這個項目我心裡有底。你就全權負責指揮項目建設吧！我們一起合作，不再爭論，讓他們看看我們如何完成這項『不可能完成的工程』！」

中哈原油管道公司與中哈兩國 EPC 承包商簽訂合同。

朱馬季拉耶夫的確說到做到。從這以後，只要符合合資公司整體利益的事，他都全力支持我，哈方員工對我也十分尊重。

面對各方都認為是「不可能完成的工程」，中哈合資公司和項目各參建方都拼了！良好的合作使項目快速推進，二○○四年九月二十八日，中哈原油管道工程在阿塔蘇如期開工。

「祖國和人民不會忘記你！」

管道建設是一項龐大複雜的系統工程。中哈原油管道在哈境內跨越三個州，沿線經過一百多公里沙漠區、四百多公里無人區和四十公里沼澤地，需穿越十一條河流、三條鐵路和十五條公路，施工難度非常大。

二○○五年八月底，中哈股東在青島召開了股東會。會上，項目諮詢商德國 ILF 公司向中哈股東匯報了項目進度：由中國石油天然氣管道工程有限公司（CPPE）負責建設的 B 段總共 368 公里管線段，已完成線路銲接三百三十一公里。由哈薩克斯坦石油管道建設公司（KCC）負責的 A 段總共五百九十二公里管線段，還剩餘線路銲接二百零七公里。此外，挖溝和回填也相對滯後，照此下去，十一月底將無法完成全部管線下溝回填的目標。這一結果令各方倍感壓力。經過激烈討論，大家一致同意由合資公司管理層和甲乙雙方專家組成聯合工作

中哈原油管道施工現場

組進駐現場，協調施工管理工作。

九月初，聯合工作組進駐 KCC 項目部巴爾喀什，隨即深入沿線各施工營地，在管溝旁、工棚裡和施工操作手、小隊長們作拉家常式的聊天，充分了解他們的困難，聽取他們的意見。工作組還在現場對施工資源進行了地毯式核查。在摸清現場情況後，工作組立即召開現場工作會，當即決定增加新設備和現場管理人員，抽調 CPPE 部分設備到 KCC 段，幫助 KCC 解決施工應急所需。

不等會議結束，合資公司施工部中方經理立馬站起來要從巴爾喀什奔赴沙雅克，趕到 CPPE 施工營地落實增援方案。合資公司哈方協調員夏夫達爾問他為什麼這麼著急，不等吃完午飯再走。他說，

飯可以等我，但工作不會等我。夏夫達爾知道，那可是十多個小時的車程。他顧不得那是在會議場合，激動得拉住中方經理的手，以一個老布爾什維克的語氣說：「祖國和人民不會忘記你！」

此次會議結束時，聯合工作組代表合資公司與KCC及分包商簽訂了完工責任書，明確了滯後關鍵工序的完工時間。各單位還將這道「軍令狀」張貼在施工營地每個辦公室門上。同時，聯合工作組的成員顧不上休息，分成幾個小組分別撲到KCC各施工營地。當時已近冬季，氣溫有時降至零下二十攝氏度，工作組的成員就在這三百多公里的無人區裡和KCC的員工們吃住在一起，每天早上五點起床，五點三十分準時趕赴施工現場，爬溝翻梁，每天工作十個小時以上。

九月，我與周曉沛大使、朱馬季拉耶夫總經理一起赴施工現場檢查。一連三天，我們一行乘米-8直升機分赴三個管道施工點，在巴爾喀什湖聽取了哈方公司負責人的匯報，還到實地了解情況。周大使特別轉達了哈國總理對項目的關注和對現場施工人員的問候，並強調這是一項光榮的政治任務，只能提前優質完成，不容半點延誤和閃失。

上級的關懷使建設人員士氣大漲。記得在現場，KCC負責施工的副總經理對我說，我幹過很多工程，業主給我的印象就是成天坐在辦公室動筆批文的老闆，可這次你們讓我看到了一個不同尋常的業主，一個真正能為我們解決問題的業主，一個

周曉沛大使（左6）與
管道公司中哈管理層
人員乘直升機視察施
工現場。

真誠把我們當朋友的合作夥伴。

隨著施工資源的不斷補充和工作組的全力督導協調，KCC 現場施工速度和質量很快得到了提升。最終，KCC 段在十一月初全部完成了銲接任務，十一月底完成全部回填，合作再一次使不可能完成的任務變成可能。

送嫁哈薩克的「管道新娘」

二○○五年十一月十四日，位於阿拉山口的中哈原油管道末站現場彩旗飄揚，我們在阿拉山口舉行了「黃金焊口」慶典儀式。阿拉山口是新疆的三大風口之一，但我清楚地記得：當天，肆虐多日的大風消停了，湛藍的天空遠遠飄著幾朵白雲，明媚

的陽光照耀著冬日的邊陲小鎮，溫暖而祥和。

在我和朱馬季拉耶夫共同發出銲接命令後，頃刻間，焊花飛濺，位於中哈邊境二點二公里處中方一側的最後一道焊口——「黃金焊口」成功銲接完畢，宣告中哈原油管道主體工程順利完工。哈方代表興奮地說：「我們是在送嫁一位哈薩克的『管道新娘』。」

參加慶典儀式的哈薩克斯坦國家石油天然氣管道公司副總裁卡貝爾金在致辭中說，中哈原油管道實現跨國對接是兩國石油界精誠合作的又一典範。兩國建設者克服重重阻礙，以難以置信的施工速度，僅用了一年半的時間便完成了一般需要三年才能完成的管道施工任務，中哈兩國的石油人有理由為這一成果感到自豪！

在場的我深深理解卡貝爾金這段真誠的致辭。記得有一次在巴爾喀什和他一起現場檢查工作時，他跟我說：「孟先生，你知道嗎？我們哈國有個諺語，要想自己家富裕起來，就得找一個富裕的人家做鄰居，如今高速發展的中國正好帶動了我們哈國取得快速發展。」我說：「卡貝爾金先生，我們中國也有一個諺語，叫『遠親不如近鄰』。」

當天，我和朱馬季拉耶夫還特意下到管溝裡，在「黃金焊口」旁照了一張握手的合影。第二天，中哈兩國主流媒體都刊登了這張照片。我多年未見的一位國內朋友還給我打電話說，你也不在非洲工作了，咋還曬得像個黑人啊？我呵呵一笑，個中滋

在中哈原油管道最後一道焊口——黃金焊口處，中哈原油管道公司總經理朱馬季拉耶夫（右）與第一副總經理孟繁春合影。

味也許只有親身經歷過的人才能品味吧。

作為工程的總指揮，我深深地知道，這收穫的喜悅背後是多少建設者辛勤的付出！春夏之際，十米每秒以上的勁風揚起漫天細沙，吹得人都站不穩。進入六月，天氣逐漸炎熱、乾旱，氣溫高達四十多度。施工人員置身於烈日下、熱浪中，連呼吸都變得困難起來。從早到晚，汗流如注，只有靠大量飲水來補充水分，每人每日的飲水量均在五升以上。可以說，和那些長時間奮戰在現場的建設者相比，我曬黑了點、累點、苦點，這又算得了什麼呢！

中哈原油管道投產後，哈薩克斯坦政府對在哈工作的外國公司優秀管理者進行表彰時，我被授予了哈薩克斯坦總統國家勞動勛章。

二十八個月創造奇蹟

適應全球經濟快速發展和對清潔能源的迫切需

中亞天然氣管道哈國段投產慶典儀式上，時任中國國家主席胡錦濤與哈薩克斯坦總統納扎爾巴耶夫共同按動通氣閥門。

求，二○○七年，中亞天然氣管道項目準備開建。這條管道起自土、烏邊境的格達依姆，途經烏茲別克斯坦、哈薩克斯坦，到達中國新疆的霍爾果斯，全長一千八百三十三公里。其中哈國段一千三百公里，這是繼中哈原油管道項目後兩國再次攜手合作建設的又一重大工程。

中亞天然氣順利進入中國新疆霍爾果斯末站。

　　根據工作需要，我帶領中哈原油管道公司部分骨幹轉戰新的工作崗位，參與籌備中亞天然氣管道項目。這條橫跨土、烏、哈、中四國的天然氣管道同樣面臨著時間緊、任務重的巨大挑戰。根據協定，從二○○七年七月項目簽署到二○○九年年底通氣，只有不到兩年半的時間，而國際上同等規模的天然氣管道建設一般需要五六年的時間

　　值得慶幸的是，在擁有多年合作經歷的哈國夥伴的支持下，尤其在中哈原油管道成功合作的基礎上，中哈雙方終於不辱使命，歷時二十八個月使中

亞天然氣管道 A 線建成投產。期間，參建各方付出的辛苦和努力可見一斑。

二〇〇九年十二月十二日，中亞天然氣管道哈國境內段建成投產儀式在阿斯塔納舉行。正在哈薩克斯坦進行工作訪問的時任中國國家主席胡錦濤和哈薩克斯坦總統納扎爾巴耶夫出席慶典儀式並發表講話，對中哈天然氣管道竣工表示熱烈祝賀。

我當時正在霍爾果斯末站分會場通過視頻觀看典禮。隨著兩國元首一同按下點火閥門，霍爾果斯末站的放空閥點燃的熊熊火焰照亮了新疆邊陲小鎮的夜空。寂靜的小鎮沸騰了，周圍的人群沸騰了，無論中國人、哈國人，無論業主方、承包商，「烏拉」的歡呼聲此起彼伏。

我的心情也和大家一樣，不管是這二十八個月的不眠不休，還是最後二十多天跟著天然氣的氣頭從土烏邊境一直到中國境內一路上的風餐露宿，當聽到國家元首致辭中冠以「英雄的建設者們」的稱謂時，所有的艱辛都化作驕傲。在這冷熱交融的感覺中，我不覺潸然淚下，也許只有共同奮鬥過的戰友才會理解這是怎樣的艱辛和驕傲。工作中，雖然與哈方合作夥伴有爭論、有磨合，但也正是在這樣的合作與堅持中，我們成功了！由此結下的深厚友誼也將是我們最寶貴的財富。

　　隨著管道順利投產運行，更大的挑戰又擺在了我們面前。中亞天然氣管道是在不採用聯合體模式情況下由多個法律主體分別負責建設和運營的跨多國長輸管道，沒有統一的法律商務平台，可其壓力、輸量等技術參數的調配卻是在一個系統上。如何實現多方聯合、平穩運行調度，在世界範圍內很難找到可借鑑的成熟模式。

　　為解決管道跨多國建設運行的多重障礙，在應急狀況下協同聯動，急需一個組織能把跨國管道涉及的上、中、下游有效聯繫在一起。為此，我帶領工作組與管道沿線的供氣方、輸氣方、接氣方多次溝通後，創造性地成立了「中亞天然氣管道運行協調委員會」，形成了四國多方聯合運行調度工作機制，由我兼任協調委員會秘書長。該委員會自二〇〇九年十一月成立，到二〇一五年年中，輪流由土、烏、哈、中組織的每半年一次的協調會已召開

中亞天然氣管道運行
協調會會場

了十二期，有效保證了中亞天然氣管道的安全、平穩運行。

二〇一四年九月，第十一期協調會在阿拉木圖召開。當通報中亞天然氣管道累計輸氣超過九百五十億立方米時，會場頓時響起熱烈的掌聲。這掌聲是為了這巨額輸量，同時，也是給予大家的鼓勵。

會間休息時，與會的哈方朋友拉著我問：「孟，聽說中亞 D 線開工了，雖然 D 線不走哈國，但作為合作多年的朋友，我真心希望 D 線一切順利！」當我告訴他，我剛剛從杜尚別參加完中亞 D 線開工典禮過來時，他豎起大拇指說：「中國，麻拉界次（好樣的）！」

從絲綢文明古國到中亞安西，悠悠駝鈴的友誼大路綿延千年。正是這樣的油氣合作大型項目，使得中國與中亞各國人民密切合作，以嶄新的精神風貌建設了一條條「能源新絲路」。正如納扎爾巴耶夫總統將中哈兩國油氣領域的合作譽為「哈中經貿合作的典範」一樣，真心希望哈中合作精神沿著「絲綢之路經濟帶」生根、發芽、開花、結果！

二〇一四年九月十三日，中國國家主席習近平與塔吉克斯坦總統埃莫馬利·拉赫蒙共同出席中國—中亞天然氣管道 D 線塔吉克斯坦段開工儀式。

記憶 篇

點點滴滴在心頭

──憶哈國獨立之初的難忘歲月

尹樹廣

（香港文匯報副總編輯，

人民日報前駐中亞五國首席記者）

「一切都是瞬間，一切都將過去，而那過去了的，將變成美好的回憶。」普希金的這句詩家喻戶曉，用它比喻我在獨立之初的哈薩克斯坦度過的四年時光再貼切不過了。

大包小裹赴任像逃荒

一九九四年七月八日中午，我和夫人從烏魯木齊乘坐新疆航空公司的班機，飛越白雪皚皚的外伊犁阿拉套山，一小時二十四分鐘後抵達「蘋果之城」阿拉木圖。當時蘇聯解體兩年半，哈薩克斯坦百廢待興，《人民日報》在此建記者站所需的一切都要「自力更生」。幸好我在新航有老同學，「走後門」隨身帶了七八個大紙箱子，被縟、四季衣物、工具書、花椒、大料、醬油等一應俱全。走出飛機搬行李可就慘了，雙肩背，兩手拎，累得滿身大汗，活像個逃荒的難民。抬頭東望，遠處的麥迪

尹樹廣赴任之初在阿
拉木圖總統府留影。

奧雪山在陽光下發出銀白色的光芒，涼風拂面，心
情稍微舒緩了些許。

那時的阿拉木圖機場雖說是國際機場，卻小得
可憐，國際航班也只有從莫斯科、基輔、塔什乾等
原蘇聯大城市，以及伊斯坦布爾等少數幾個「遠外
國」城市飛來的。使館新聞官楊家榮在機場出口熱
情迎候，用麵包車把我們送到甘肅省商業廳在當地
開的中哈實業有限公司招待所暫住。說是招待所，
其實就是中國人在當地租的兩套三室一廳單元房，
從蘭州聘請了一位麵點師，每天做牛肉拉麵、拉條
子和烙餅，房費每人一天二十美元，包早餐午餐。
身在異國他鄉，能吃上可口的中國飯菜，我已感到
很知足了。

聽老楊介紹完工作條件，我頓時傻了眼。阿拉
木圖雖為一國之都，但充其量像我國一座邊陲省

城，不僅沒有外交公寓，連外交部官員也是從各部門抽調的。租房子、安裝國際傳真電話、修馬桶……啥事兒都要自己跑。

翻開報紙，打開電視，各種壞消息撲面而來：埃基巴斯圖茲等大煤礦虧損嚴重，工人的工資被拖欠，罷工此起彼伏，失業率居高不下，真讓人對哈國的明天缺乏信心。我每天經過的富爾曼諾夫大街和「綠市場」等繁華地段，馬路兩旁的下崗工人扎堆成群，身旁立著找工作的紙牌子或木牌子，看了讓人揪心。

一九九五年，納扎爾巴耶夫總統接受中國常駐記者採訪（右2為尹樹廣）。

冬天停電停氣是家常便飯

一九九四年和一九九五年冬天，天寒地凍，居民采暖、用電和用天然氣做飯都成為大問題。當時，哈國天然氣是通過烏茲別克斯坦管道供應的，管道經過吉爾吉斯斯坦，吉國的用戶光用氣不給錢，烏國乾脆「斷氣」，下游的哈國可遭了殃。供氣量銳減，灶台上只有微弱的小火苗，燉一鍋牛肉土豆胡蘿蔔要用小半天才能熟。集中供熱嚴重不足，屋裡溫度也就十二三度，居民只好打開天然氣燒鐵板取暖。在房間裡寫稿，要披上厚厚的毛毯。經常停電，更使傳真機發稿成了大難題。

一九九五年二月，納扎爾巴耶夫總統在一次州長會議上承認，一九九四年國家通脹率為 1250%，經濟十分困難，主要是因為蘇聯解體和各加盟共和

國之間的傳統經濟聯繫中斷造成的。阿拉木圖媒體
驚呼，國家「已到了一九四一年偉大衛國戰爭後最
艱難的時刻了」，形勢嚴峻的程度可見一斑。

「黑的」現像是阿拉木圖一大怪

　　生存或死亡，這是個現實問題。獨立之初人們
面臨的生存危機，在今天是難以想像的。一九九四
年八月十七日，《人民日報》刊登了我發回的第一
篇特寫──「在阿拉木圖『打的』」，真實描述了
當時的狀況：

　　走在阿拉木圖街頭，任何一輛從你身邊駛過的
汽車都可能是你的「出租車」，司機的職業形形色
色。一位三十多歲的軍官司機是三個孩子的父親。
他告訴我，「作為一個軍人跑出租我很難為情。妻

子在家要照顧三個孩子，我每月只有一千六百堅戈的薪水，很難維持一家五口人的生活花銷，只好想辦法再找點收入了。」得知我是中國記者，他叮囑「要為我保密啊！」當時，打的價格靠「面議」，一般是每公里六堅戈。要知道，一公斤鮮牛奶五堅戈，一公斤西紅柿十堅戈，一個大麵包三堅戈，多掙十塊錢可以頂大事啊！

一次，在市中心百貨商店門前，一輛破舊的黃色麵包車停在我面前。司機二十八歲，是位俄羅斯族小夥，在共和國宮工作。他的車是從單位租賃的，每個月上繳三千堅戈，允許下班後自由使用，但油費自理。他說，自己每月工資才七百多堅戈，只有靠業餘時間「多拉快跑」，用多賺的千把堅戈補貼家用。阿市居民平均工資是六百堅戈，老人養老金僅一百五十堅戈……業餘時間開出租車反映了當時艱苦的社會經濟生活的一個側面……

何老師的「中國情」

克拉拉・哈菲佐娃是哈國著名漢學家、歷史學家，也是我敬重的大姐。不知何故，認識她的中國人都喜歡叫她何老師。何老師和她的母親「巴布什卡」（俄文「奶奶」）給了我許多關心和照顧，讓我們全家體會到哈薩克民族熱情、善良和質樸的性格。前不久，我從香港打電話給「巴布什卡」，告訴她老人家「我們很想您」。九十多歲的她聲音洪

亮，在電話那頭喊道：「那就快點過來看看我吧！」

　　我最初住在巴伊扎科夫大街和加里寧大街交匯處，往坡下走幾條街就是何老師家了。有時我帶著Marry（我養的聖伯納犬的名字）散步，就到她家坐一坐。何老師待我像親弟弟一樣，經常打電話邀我去家裡做客。這時，滿頭銀髮的「巴布什卡」就會端出親手做的薩姆薩（羊肉包子）、面饢、點心和酸奶等好吃的，泡上紅茶，擺上自製的草莓醬招待我。

　　何老師與中國有著不解之緣。一次，我問她為啥選擇漢語專業，她說：「新中國成立時，我正在上小學。爸媽給我訂了份《少年真理報》，上面經常刊登有關中國的文章，當時就夢想當一名東方學家。」她出身於農民家庭，生活不富裕，父母不讓報考莫斯科和列寧格勒（今聖彼得堡）的大學。她在中學做了兩年輔導員後，於一九五八年考上塔什干大學東方語言系。一九六二年，她到北京大學中文系進修漢語。那時中蘇關係已經惡化，中國學生不敢同她講話，人們開始憑布票和糧票買東西，吃不飽，課本也沒有。

　　大學畢業後，何老師被分配到烏茲別克加盟共和國撒馬爾罕市一所中學教漢語，後考上蘇聯科學院東方學研究所碩士研究生，主修清史和中蘇邊界問題，畢業後回到母校塔什干大學，任東方系中文教研室主任。哈薩克斯坦獨立後，她受聘到總統戰略研究所任高級研究員。何老師對哈

哈菲佐娃 1996 年元旦贈給尹樹廣夫婦的照片

國漢語教學和推廣功不可沒，桃李滿天下，學生遍布外交部、商務部和高校等各個部門。

　　我在接觸中逐漸感到，何老師身上最可貴的，是她堅守的知識分子求真、務實、敢言的品格。蘇聯解體之初，中國無良商人的假冒偽劣商品潮水般湧入當地，她不止一次直言不諱地批評「中國倒爺」，向中國朋友投訴中國政府「應該好好管一管了」。中亞曾是蘇聯的反華前哨，「中國威脅論」在社會上很有市場。何老師流露出這種擔心，但又頗有理性，經常在報刊上客觀介紹中國的內外政策，尤其推崇鄧小平提出的改革開放政策；主張中哈世代友好，加強雙方文化交流和人員往來，減少誤解。

「小小中國文化中心」

　　何老師家兩室一廳，她的臥室兼書房兩面都是高及天花板的大書架，上面密密麻麻擺滿了中俄文

圖書資料。她的女兒叫馬迪娜，曾用略帶哈語腔的普通話告訴我：「我們家經常有中國客人來，這些書就像是小小的中國文化中心。」馬迪娜二十出頭，瓜子臉、高挑個兒，皮膚白　，話不太多，笑起來很甜，是個標準的哈薩克美女。或許受媽媽影響，她讀了大學醫學系兩年，突然改學漢語，之後在哈國立大學念碩士研究生，碩士論文題目是「論唐朝柳宗元的散文」。看著我吃驚的表情，何老師臉上寫滿了自豪——俄羅斯還沒有人做這個課題研究呢！我猜想，娜濟拉一定是受媽媽耳濡目染，才走上了漢學家之路的。她碩士畢業後，嫁給了一位俄羅斯外交官，生了三個孩子。「巴布什卡」和何老師經常飛去莫斯科，看望女兒、女婿和可愛的外孫外孫女，祖孫四代人其樂融融。

何老師最鍾情的是蒐集、翻譯和研究哈薩克汗國與清王朝關係的中文史料，為此她還在學習滿文。她最常提到的詞彙是「清史稿」。何老師喜歡思考和提出問題，工作起來不知疲倦，就像沙漠中一直往前走的駱駝一樣。她曾告訴我為何選擇清史：「我早就有種感覺，應當把中國史料介紹給我國學者，所以，從七〇年代起我就開始做這項工作。到一九七五年，翻譯了許多史料；一九八九年發表了一部分，有《清朝與哈薩克汗國的關係》、《大清歷朝史錄》、《平定準噶爾方略》、《魏源的〈聖武記〉》等，都是內部發行的。一九九五年，翻譯了明史中涉及西域的部分資料。」她既享受著

工作帶來的成就感，又感到其中的無助與無奈。在哈國做學問要坐冷板凳，官方投入很少。比方說，她耗盡心血完成了一本有關中國明朝在中亞的外交政策的書稿，交給出版社，結果足足壓了五年才出版。儘管困難重重，看到自己的書終於要出版了，她興奮得像個孩子。

五十多歲獲得博士學位

何老師追求學問幾乎到了痴迷的程度。一九九六年一月的一天，我去她家剛落座，她便高興地對我講：「小尹，我通過俄羅斯科學院遠東所的博士答辯了，課題是「中國與中亞外交」。你知道嗎？答辯導師有著名漢學家齊赫文斯基院士、歷史學家梅什尼科夫等四家學術機構代表。我是他們的第二位博士。」早在蘇聯解體之前，她就開始準備博士論文了，長達五年。一個五十多歲的女學者，上有老下有小，生活艱辛，卻憑著鍥而不捨的毅力拿下世界知名學術機構的博士學位，這精神真叫人感動。她還鼓勵我報考哈薩克國立大學在職碩士研究生，課題都幫我定好了——「當代中哈關係的現狀和前景」。她勸我說，你是記者，接觸的人和事多，為什麼不拿個碩士學位呢？何老師長期在哈國立大學當教授，答應做我的導師。可惜，人民日報社有規定，不許駐外記者邊工作邊考碩士博士，主要還是因為我自己膽小，「碩士夢」只能泡湯了。

哈國獨立後，急需中國問題專家，於是，何老

師從哈國立大學調到哈總統戰略研究所任研究員，給高層出謀劃策。她認為，中哈之間的困難主要是互不了解，哈國也亟須探索並找到發展之路，中國的改革經驗特別值得借鑑。她曾向我發過牢騷，感慨自己的學生都跑去做生意了，從事中國文化和歷史研究的人越來越少了，但她願意堅持下去。

行勝於言。除在總統戰略研究所做研究工作外，她還帶兩名碩士研究生，一個研究李清照詩詞，另一個研究中國成語。她的動機很簡單，「中國普通人都知道普希金和托爾斯泰是誰，哈薩克斯坦也要有這樣的人才。」

何老師為何願意自己找罪受？為何對學問孜孜以求？後來我理解了，這是蘇聯老一代知識分子對國家和民族的責任感和使命感使然，因此，蘇維埃政權才能從國內戰爭和二戰的災難和廢墟中很快站立起來，建設成強大的國家。現在哈薩克斯坦獨立了，她唯有更加努力地工作。

細述細君公主的故事

說實話，來中亞之前，我對絲綢之路的歷史知之甚少，尤其對西域各民族錯綜複雜的關係似懂非懂。為了惡補這方面知識，我從蘇北海和魏良弢等大學者的專著中學了許多，何老師也是我就教的老師之一。記得一九九六年六月在總統戰略研究所大樓採訪何老師，主要是談中國與西域各民族的交往史。一見面，她便用普通話給我背誦了一首聞所未

聞的古詩：「吾家嫁我兮天一方，遠托異國兮烏孫王。穹廬為室兮氈為牆，以肉為食兮酪為漿。居常土思兮內心傷，願為黃鵠兮歸故鄉。」

她講解道，這裡說的是一個中國古代的和親故事。西元前一一五年，西漢王朝的細君公主離開中原，遠嫁給烏孫王（中國古籍稱哈薩克人的祖先為烏孫人）。當時，西漢皇帝對西域各國採取和親政策，為的是保持與周邊各民族的和平友好關係。這首「邊塞詩」反映了細君公主的綿綿思鄉之情。更重要的是，它證明中國人與哈薩克人自古就存在著友好交往關係。何老師一會兒說到張騫出使西域，一會兒又講到唐玄奘西天取經，思緒彷彿飛翔在浩渺的絲路古道上。

一九九六年六月十四日，在江澤民主席訪問哈國前夕，中國駐哈使館在阿拉木圖歷史博物館舉辦

一九九六年六月，尹樹廣（戴眼鏡者）在中哈歷史文化展上採訪納扎爾巴耶夫總統。

《中國‧今天與未來》文化展，納扎爾巴耶夫總統親自參觀，我當時現場採訪。他特別引用了何老師所提供的材料：加強與中國在人文領域的合作具有重大意義。我們的學者需要獲得中國古代的歷史文獻和資料，可從中尋找到我們自己的歷史。獨立後，哈薩克人才開始認真研究本國歷史。我們過去只學習蘇聯史和俄國史，而對本國史卻不太清楚。當我們開始尋根時，只有在中國歷史典籍中才能找到答案。

醉心《清史稿》翻譯填補空白

何老師數次去北京故宮博物院和皇史宬查閱清朝檔案文獻，重點是查找清朝與哈薩克汗國之間關係的記載。根據《清史稿》中大量的珍貴文獻，結合自己的研究成果，她出版了《十四到十九世紀的中國中亞外交》等專著，填補了哈薩克斯坦歷史研究的空白。

何老師的研究是開創性的。因為哈薩克人自古為游牧民族，沒有書面語言，只有彈唱詩人阿肯用口口相傳的形式記錄歷史。哈族祖先的歷史最早可追溯到司馬遷的《史記》。納扎爾巴耶夫總統十分重視本國歷史，不止一次引用中國典籍中關於哈薩克祖先的記載，以振奮民族自豪感。當然，只有圈裡的很少一部分人才知道何老師付出的艱辛。雖然對國家的貢獻很大，她卻從不自誇，也不抱怨，她可以說是哈薩克知識分子的優秀代表。

難忘的「燭光交談」

　　一九九五年，何老師去蘭州大學做外教一年，我和夫人常去她家裡看望「巴布什卡」。奶奶個子不高，慈眉善目，臉上永遠掛著笑容，頭上永遠紮著一方哈薩克勞動婦女最喜歡的花頭巾，顯得利落而幹練。她快人快語，總願意與我分享自己的歡樂和苦惱。

　　一次，剛坐下就停電了。「巴布什卡」不知從哪兒摸出一根蠟燭，慢慢點上，藉著微弱的燭光，天南海北地向我講起故事來。那年是蘇聯衛國戰爭勝利五十週年，俄羅斯和獨聯體各國隆重慶祝。「巴布什卡」興奮地告訴我，葉利欽總統太好了，他送給全蘇聯所有前線老戰士，包括像她這樣的「後方前線」勞動者一個節日大禮——一張往返原蘇聯各地的機票。「巴布什卡」的外孫女娜濟拉當時在莫斯科，老人家免費去莫斯科住了一陣子，開心極了。她還津津有味地給我講述哈薩克人古老的「搶婚」傳統。前不久，她一個親戚的兒子就搶到一個漂亮的哈薩克姑娘，姑娘起初又哭又鬧，但現在已生兒育女，生活得很幸福。這次「燭光談話」讓我聽得有滋有味，至今難忘。

　　「巴布什卡」和女兒一樣，熱愛中國和中國文化。一九九七年夏天，中國電視劇《三國演義》翻譯成哈語，在哈國家電視台熱播。我一天下午去看「巴布什卡」時，她剛看完一集。見面時，她一邊抹眼淚，一邊傷感地說：「多好的人啊！為什麼要

殺他呢？人死了還不算，還要把他的頭和身子分在兩處。」原來，她看完關羽父子敗走麥城、慘遭殺害一集，正「看《三國》，替古人擔憂」呢！

何老師經常在報刊和廣播電視上介紹中國文化，這次也不例外。她告訴我：「一九九五年訪問中國時，曾感受到中國觀眾是如何喜歡這部戲。我相信，古裝戲可以讓我們更好地認識中國人和中國文化，認識他們的精神和性格。」

「巴布什卡」如今已九十多歲了。今年「五一」前夕，我打電話給她，告訴她我們全家都很想念她。聽到她親切的聲音，我的思緒又飛回到一九九八年盛夏離別的時刻。知道我馬上要見到出生剛十個月的寶貝女兒，細心的她親手將積攢的紫羅蘭色羊毛捻成線，織成一雙厚厚的羊毛小襪子，叮囑我一定讓小寶貝天冷時穿上它，「在北京可買不到這樣暖和的」。雖然女兒現已長成大姑娘了，但我和夫人還悉心保留著這件特殊的禮物，看到它，就像看到「巴布什卡」慈祥的面孔一樣。

「傲慢」的柯斯佳

見到中國人，中亞人喜歡引用先知穆罕默德的一句話：知識雖遠在中國，亦當求之。孔子云：三人行，必有我師。在中亞的每一天，我都學習著絲綢之路沿線各族人民的豐富知識和智慧財富。

康斯坦丁・瑟羅耶日金（柯斯佳）是哈薩克斯

坦重量級的國際問題學者、漢學家，以研究中國現代政治，特別是新疆問題著稱。上世紀八〇年代初，他曾在蘇聯遠東地區當兵，後獲得歷史學博士學位，分配到哈薩克加盟共和國科學院維吾爾研究所做研究，九〇年代初到哈總統戰略研究所任資深研究員，後升任副所長。

何老師是我和柯斯佳的「紅娘」。一九九四年下半年第一次見到他，印象並不怎麼好。來到他的辦公室，柯斯佳顯得不屑一顧的樣子，很冷淡，臉上沒有一絲笑容。談話中，我問一句，他答一句，感覺他對中國不太「友好」。後來，一次到戰略所看何老師，隨手帶了幾份剛收到的《人民日報》，順便給隔壁的柯斯佳幾份。那時沒有互聯網，有關

中國的信息很稀缺，我手上的《人民日報》是從北京航寄過來的，很及時，更顯珍貴。柯斯佳收到了「特殊的禮物」，微微一笑，說了聲「謝謝」。一來二往地接觸多了，我發現他表面冷、心裡熱，待人挺實在的，尤其是治學嚴謹，求真務實，觀察各種國際問題眼光獨到，對上不曲意逢迎，是典型的俄羅斯知識分子性格。他跟我講過一個細節，被任命為副所長時，總統首席智囊塔任找他正式談話，他是穿著牛仔褲去見的，一副「老子天下第一」的模樣。這樣實在的學者朋友我當然要交了。

一晚過兩個「元旦」

一九九九年，尹樹廣與瑟羅耶日金在上海外灘。

與柯斯佳相處，最難忘的是一九九七年最後一夜，在他家裡「守歲」的情景。那天晚上，我與柯斯佳、他的太太娜達莎及幾個好友聚首一堂，又喝又唱，伏特加、啤酒、紅酒「三中全會」。時針指向零點後，柯斯佳打開一瓶莫斯科香檳酒，大家舉杯互道「新年快樂！」

「守歲」還在繼續，接下來是迎接「俄羅斯元旦」的到來。阿拉木圖時間要早莫斯科三個小時（夏時制），為迎接莫斯科的新年鐘聲，大家要再等三個小時。最後，我們索性坐到地毯上，繼續大口吃肉、大口喝酒，放肆地扯開嗓子吼起來。當電視屏幕上的克里姆林宮斯巴斯克塔樓自鳴鐘「鐺——鐺——鐺」敲響時，柯斯佳打開另一瓶香

檳酒，大家一陣狂喝，然後緊緊地擁抱在一起，彼此獻上世上最美好的祝福。柯斯佳告訴我，蘇聯時期這裡大多數家庭都是以這種方式通宵達旦地迎接「兩個新年」的，現在蘇聯沒有了，這個傳統仍舊保留了下來。

在絲綢之路的心臟地帶，我一天過了「兩個元旦」，有一種說不出的快感，覺得哈國的確是一個多民族和諧共存的歐亞大國，是一個各民族都能夠共存共榮的大家庭。

柯斯佳善於從地緣政治經濟、大國關係和國家利益角度觀察問題，觀點透徹深刻，具前瞻性；何老師的優勢是哈、中、俄三國情況「通吃」，多從歷史和文化角度分析問題，觀點獨樹一幟。這兩位優秀的學者對我的新聞採訪幫助最大，我們之間的深厚友誼一直保持到現在。我到香港文匯報工作後，柯斯佳還時常接受香港文匯報採訪，讓更多的香港同胞了解哈薩克斯坦，了解中亞。

親愛的朋友，「拉赫麥特！」

自古以來，偉大的絲綢之路將中國與中亞連接起來，譜寫出一段段感人至深的佳話。獨立二十多年來，因為有了何老師、柯斯佳和「巴布什卡」這樣一大批哈薩克斯坦朋友，中哈友誼之樹才生長得如此茁壯挺拔，根深葉繁。

在中亞四年間，幫助過我的哈薩克斯坦和中國

НУРСУЛТАН НАЗАРБАЕВ

В ПОТОКЕ ИСТОРИИ

Или Шуруану,
с добрыми
пожеланиями,
Н. Назарбаев

АЛМАТЫ «АТАМУРА» 1999

二〇〇一年六月十七日，納扎爾巴耶夫總統訪港期間，在自己的專著扉頁上為尹樹廣簽名留念：尹樹廣，謹致以良好的祝願，努·納扎爾巴耶夫，二〇〇一年六月十七日，香港。

的領導和朋友數不勝數，沒有他們的理解和支持，我不可能完成人民日報的建站和採訪報導任務。當時的外長托卡耶夫、總統新聞秘書古阿內舍夫、外交部新聞司一秘法爾哈特等向我提供過許多幫助；中國駐哈大使館陳棣和李輝大使及使館外交官、《經濟日報》記者李雷夫婦等，都是我尊敬的領導和師長；還有哈薩克斯坦新聞界的許多同行，包括法新社駐中亞首席記者馬克和夫人伊琳娜等外國記者都是我的好朋友。他們的名字就像春天哈薩克草原上燦爛開放的花朵一樣，數不清，望不盡。我想道一聲：親愛朋友們，「拉赫麥特」（哈語「謝謝」）！

在二十世紀最後的歲月，有幸見證並記錄哈國獨立之初這段波瀾壯闊的歷史畫卷，在偉大的絲綢之路上續寫中國與中亞各國人民的友誼，這是多麼值得驕傲和幸福的事啊！這些點點滴滴的記憶，已成為我一生的財富，永不磨滅！

在加加林升空的發射台上

——訪問拜科努爾航天城追記

姚培生

（中國前駐哈薩克斯坦大使）

　　二〇〇三年八月二十八日清晨七點四十七分，
我與夫人在哈薩克斯坦拜科努爾航天城的觀察台上
親眼目睹了俄羅斯「進步」號貨運飛船奮力沖上藍
天的壯觀場面。就此，我訪問航天城的願望終於得
以實現。

走了總統的「後門」

　　我是宇航科學的愛好者，經常收集、閱讀這一
領域的新聞、資料，而實地考察和觀看飛船發射實
況更是我多年的願望。二〇〇〇年二月到哈薩克斯
坦任職後，我就一直設法尋機訪問拜科努爾航天
城。到任不久，我就向哈政府有關官員提出了訪問
的要求。對方說，外國大使單獨訪問尚無先例，如
能成行，必須得到哈薩克斯坦和俄羅斯兩國政府有
關部門的批准，一般很不容易。二〇〇〇年十一月
國際空間站首批機組人員準備登站前，我向哈外交
部提出了正式申請，要求訪問航天城並實地觀看載

人飛船升空實況。哈外交部以接待困難為由婉拒了我的申請，同時表示以後爭取機會。

然而，到二〇〇三年七月仍無音訊，我有些著急，因為我在哈的任期快要結束了。八月初，哈外交部安排我與納扎爾巴耶夫總統作辭行會見，我決定利用此機走一下「後門」。那次會見中，總統對我的工作誇獎了一番，並授予我友誼獎章，以表彰我在任期內為兩國關係發展作出的努力。我向總統表示謝意並對他說，我來哈工作已三年半，希望離任之前能實地看一看拜科努爾航天城，謹望總統關注。總統聽後滿口答應，並當即指示在場的外交部領導記下此事。

兩週後，哈外交部照會使館稱，大使往訪的申請已獲批准，本月下旬即可成行。據哈外交部官員講，由於拜科努爾的特殊地位和管理體制，辦理訪問的程序比較複雜。申請必須經過俄哈兩國外交、國家安全、航空航天等六個部門的會簽，行文至少二個月。由於總統親自過問了此事，我才能在短短二十天的時間裡順利辦妥手續。看來總統這個「後門」是最可靠的。

拜科努爾的「兩國兩制」

八月二十六日，我與夫人及使館陪同人員從阿拉木圖乘飛機經過三個小時的飛行，於中午抵達拜科努爾。該市副市長和俄哈兩國安全部、航天局代

表等官員到機場迎接，俄士兵還組成小型儀仗隊向我們致意，當地幾家媒體的記者也到機場採訪。市安全保衛局局長告訴我，他將全程陪同我們訪問。

從機場驅車約四十分鐘，我們到達了拜科努爾市，守備軍人詳細查驗了車證和每個人的身分證後才拉起擋桿放行。又行駛了十分鐘，我們到達了下榻的拜科努爾賓館。賓館也由軍人守備。陪同告訴我們，這是一個老賓館，但是全市最好的賓館之一，以前的蘇聯領導人和高級官員都在這裡住過，並關照我們沒事不要隨便離開賓館。使館隨行同志說，這裡不大像城市，更像是軍事管制區。我說，畢竟以前這裡是蘇聯最神祕的地方：導彈發射的試驗、偵察衛星的運行、各類飛船的起降，都主要靠拜科努爾，它是真正的中樞神經地。

「拜科努爾」是個統稱，實際上由社會綜合體即拜科努爾市（行政生活區）和科學技術綜合體即發射場兩大部分組成。蘇聯解體後，拜科努爾的命運曾引起國際輿論的關注，俄國內有些人主張放棄它而在俄境內重建一個。哈國內也有一些人主張將此地完全置於本國控制之下。但是經過談判，雙方都很理智，既算了經濟賬，也算了政治賬。結論是：合夥，雙方都得利；散夥，雙方都吃虧。根據哈俄兩國政府一九九四年簽訂的協定，哈從一九九五年起將拜科努爾租賃給俄羅斯使用二十年，俄每年向哈支付一點一五億美元租金；規定拜市的市長和發射場主任必須由哈俄

兩國總統共同任命（均由俄羅斯籍人士擔任），
可謂全世界最牛的市長和主任了。哈總統向該市
派駐全權代表，以保障哈公民的司法權和憲法
權。哈法院、檢察院和國家航空航天局、軍事委
員會及其他國家機關可在市內履行法定的職能。
在該市，哈公民按哈法律行事，俄公民按俄法律
行事，所有銀行不論屬哪家，均按哈法律運營。
但市內通用貨幣只有俄羅斯盧布。電信、網絡由
俄方控制，哈境內手機進入該市，必須加俄地區
號後才能使用。我問陪同官員如何解決當地學生
就學問題。他說，這裡有哈俄兩種學校並實行兩
種教育體制，但都由市俄羅斯教育局統一領導和
監督教學進程。看來，這裡既不像「一國兩制」，
也不像「兩國一制」，倒有點像是「兩國兩制」。
在世界其他地方，恐怕還找不到這種管理模式。
納扎爾巴耶夫曾將這個航天城比喻為「難侍弄的
孩子」，說「這是蘇聯生養的偉大孩子，變成了
俄羅斯和哈薩克斯坦共有的、難以侍弄但又讓人
喜愛的孩子，他從來沒承認過，誰對他來說更親
近些」。這位總統是個處置複雜問題的高手。二
〇〇四年，哈俄雙方又簽署了續租至二〇五〇年
的協議。

十月二十四日 —— 航天城忌日

我們首先在拜科努爾市（也就是生活區）參觀

拜科努爾航天發射場
（供圖：FOTOE）

　　了加加林公園、科羅廖夫公園、揚格爾公園、城市
奠基紀念碑、火箭試驗罹難人員紀念碑和拜市歷史
博物館。這些紀念地敘述了整個城市的發展歷程和
航天工作者的科學獻身精神。

　　拜科努爾曾經使用過六個名稱，一九九五年才
正式定為現名。頻繁地改名是為了迷惑外界，以前
地圖上也從不標出它的準確位置。蘇聯選在此處建
航天城主要考慮了兩個因素：一是安全保密好。這
裡比較偏僻，處於蘇聯中亞地區腹地，離邊境很

遠，外人很難進入。用陪同人員的話說，「連蒼蠅都飛不進去」。二是發射飛行器的氣候條件好。這裡降水較少，一年中平均有三百個晴天。不過，這裡的生存條件極為惡劣，夏季氣溫高達零上四十五攝氏度，冬季氣溫可降至零下四十攝氏度；鹽漬化土壤中的水又苦又澀。

市博物館的講解員告訴我們，在建城的最初年代，開拓者克服了現代人難以想像的困難，說他們當時是在「拚命」一點也不誇張。在拜謁火箭試驗罹難人員紀念碑的時候，我們的心靈受到極大震撼。碑文上寫道：「紀念在一九六〇年十月二十四日 P-16 洲際導彈試驗過程中罹難的戰略導彈部隊司令、砲兵主帥涅傑林等七十六位烈士。」多年後，蘇聯官方才披露了事故原因。那是一九六〇年十月二十四日清晨，聳立在發射架上的蘇聯第一枚洲際導彈 P-16 在接受發射指令後沒有動靜，此時現場總指揮涅傑林指示技術人員走出地下掩體，搭

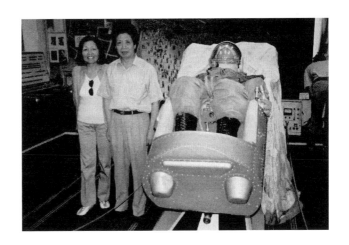

姚培生夫婦參觀拜科努爾航天城博物館。

起工作平台檢查箭體部件，他本人也在箭體旁查看。不料此時第二級火箭突然爆炸，涅傑林等七十六人當場罹難，其中五十七人為軍人，十九人為工程技術人員。這些英烈中多數是年輕人。這恐怕是世界航天史上最大的一次事故了。三年後的十月二十四日，發射場又發生了意外事故，六人遇難。管理部門遂作出決定，今後每年的十月二十四日作為緬懷日，不再發射任何飛行器。即使有再重要的發射任務，也須避開這個不幸的日子。這些烈士的名字已被用來命名拜科努爾市的各條街道。我向烈士紀念碑獻了鮮花，並在每個烈士墓前默哀致意。

在「暴風雪」號航天飛機上的感嘆

訪問的第二天，我們按計劃參觀了發射場，也就是真正的工作區域。整個發射區域東西長一百二十五公里、南北寬八十五公里，場內有十一個組裝試驗大樓、九個發射綜合設施、一個測量設施、八個發射井（用於試驗 PC-18、PC-20 等型洲際導彈）和二個燃料加注站。

陪同官員先破例安排我們參觀了飛船總組裝大樓。這是航天城裡最核心的地方，一般不讓外人進入參觀，我們的到訪屬特例。負責人熱情地接待了我們，並簡要介紹了這座樓的功能和正在車間裡組裝的「聯盟」號飛船。發射場內的外部環境與我的想像反差很大：場內的道路高低不平，周圍雜草叢

生；運載航天器的鐵路似多年未整修過，軌道路基上有很多鼠洞，接送科技人員上下班的火車十分陳舊；場內多數大樓和設施已經老化，有的已被廢棄。難道這就是世界頂級的航天中心？陪同官員告訴我們，發射場裡的大部分樓宇、設施需要改造或重建，可政府一下子拿不出大量資金。

陪同人員送給我的一份材料說，蘇聯解體後的一段時間裡，拜科努爾運營十分困難，簡直揭不開鍋，職工連續幾個月領不到工資，退休人員也不能及時領到養老金，少數人忍痛離開了這個令別人嚮往的地方。甚至還出現了一些混亂，部分設施遭到破壞性拆除。最令我費解的是，蘇聯時期耗費巨資研製的「暴風雪」號航天飛機樣機遭到了摧殘：機腹的一些隔熱瓦被人撬走，舷窗的玻璃硬被人砸碎。陪同人員還帶我們登上樣機的機背察看慘狀。樣機的材料與一九八八年試飛成功的那架飛船完全一樣。當初，為了與美國一比高下，蘇聯工程設計和技術人員耗時近十年，造出了這架可多次使用的「暴風雪」號，並為其建立了龐大複雜的服務設施綜合體。「暴風雪」號的某些性能甚至優於美國航天飛機，特別是它裝備了先進的自動起降系統，可惜，它僅完成了一次使命就壽終正寢。

拜科努爾走過的歷程最能說明冷戰時期蘇美競爭的激烈與殘酷，以及蘇聯解體對俄羅斯和其他新獨立國家的巨大沖擊。五十年來，這裡有撼動乾坤的大喜，也有震驚全球的大悲。但沒有人能料到，

姚培生夫婦在「暴風雪」號航天飛機前。

一個存在了七十年的蘇聯「忽喇喇似大廈傾」，會在一夜之間解體。陪同官員問我對蘇聯解體的看法，我說，這是個複雜的政治數學猜想了，留待專家學者們繼續探討吧。俄羅斯諺語說：「只要結局好，過去就算了。」你瞧，大家庭分開了，合作又恢復了，拜科努爾不就是例子嗎？

在飛船發射台上接受俄記者採訪

看完「暴風雪」號，我們直奔加加林發射台，這是人類走向宇宙空間的第一起跑點，正巧趕上「聯盟-FG」運載火箭搭載「進步-M48」號貨運飛船已安裝在發射架上——現在大部分載人飛船仍從

姚培生夫婦與發射場副總指揮在貴賓觀察台前。

這裡升空。我們又破例被允許登上發射平台詳細觀看火箭和飛船。我原來以為「聯盟」號是小傢伙，貼近它時才發現也是個龐然大物，約有三十層樓高。發射副總指揮告訴我，「進步」號準備就緒，正在接受最後測試，只待明早升空，這次任務主要是為國際空間站運送燃料、水、氧氣和給養。這將是「進步」系列貨運飛船第一百零二次飛行。此時，俄羅斯電視二頻道正在發射現場錄製節目，該台一位女記者主動走上前來採訪我，首先問：「大使先生，據說貴國在準備發射第一艘載人飛船，您此訪是否與此有關？」我說：「我國已進行了四次無人駕駛試飛，均獲得成功。相信中國人不久也會圓自己的飛天夢。」

當天中午，市長梅津采夫在市政府設宴款待我們。席間氣氛熱烈，市長多次表示希望加強俄中宇航合作。他說，雖然經歷了蘇聯解體的衝擊，但俄太空飛行器發射技術和設備仍居世界領先地位，發射事故率僅為千分之一，研製、發射成本遠低於美國和歐洲。他希望能為中國提供商業發射服務。

加加林樹保佑著他的後來者

我們又參觀了蘇聯宇航之父科羅廖夫和加加林生活工作過的小屋和發射場博物館。講解員不僅詳細介紹了科羅廖夫的生平、才華和他對蘇聯國防、科技事業的傑出貢獻，還講了一些趣聞。科羅廖夫

姚培生夫婦與陪同人員在加加林起跑點。

在航天城工作期間，不允許任何女性進入他的辦公室和住所。每當發射前夕，他總在自己的房間里長時間地來回踱步，手裡捏著一枚硬幣，時不時扔到地上，又拿起來，看看正面還是背面向上，似乎在祈禱著什麼。我想，一個再偉大的科學家也不是神，也許他是在用這種方式釋放自己的精神壓力，畢竟宇航員的生命安全大於天、重於山。

在參觀加加林小屋時，陪同人員告訴我們，加加林乘坐的「東方」號飛船實際上沒有單獨的逃生系統。這令我十分驚訝。如果真是這樣，那加加林當時已作好不歸的準備。但他出發前是如此的鎮靜，心動速率與平時幾乎相同，真不愧為世界航天第一人！我們到訪時，加加林返航後親手種植的一

棵榆樹已四十多歲，樹皮已皺裂剝落，下部樹杈已乾枯。陪同人員告訴我們，第一次升空的宇航員一般都要在加加林樹上剝下一小塊樹皮帶在身邊，以求加加林保佑他們平安飛返。我和夫人也剝了一小片。

在航天城博物館，我仔細觀看了每一件展品，它們都是一代代航天人智慧和汗水的結晶。不過加加林飛船的發射操縱台給我留下了特別深刻的印象：外觀非常簡陋，乍一看就像放在舊貨店裡的一台不起眼的洗衣機。難道這就是送加加林上天的操縱台？！我向博物館贈送了微型後母戊鼎青銅器禮品，並在留言簿上寫道：「拜科努爾是哈薩克斯坦的明珠、俄羅斯的驕傲、全人類的財富。」

姚培生夫婦在加加林居住過的小屋前。

我與中國結緣

葉裡克・阿西莫夫
（哈薩克斯坦駐華使館公使銜參贊，
原哈外交部亞非司副司長）

　　我與中國相識，始於我們國家獨立之初。受命運的安排，我作為哈薩克斯坦駐華使館工作人員被派往中國。過去，我只能通過讀歷史書、大學課堂，以及與那些有幸到過中國的朋友們聊天的方式來認識這個美好的國家。

　　然而，所有這一切都不能讓我對這個獨特的國家及其文化，以及那裡人民的傳統勾勒出一幅完整的畫卷。更何況，正如中國人所說：「百聞不如一見。」

　　我屬於最早踏上中國土地的一批哈薩克斯坦外交官。我承認，對於那個時代學習漢語的人來說，能夠常駐中國這件事，比工作本身更有意義。這成了我畢生的事業和志向。因此，在華期間，我努力全面研究和認知這個國家，把致力於發展兩國人民間的關係作為自己的主要目標。

　　從最初時日開始，中國就對我展開了自己的美麗容貌。這一點要完全歸功於中國人民自己。不得不認同的是，人民及其傳統是任何一個國家的主要

財富。今天，這很重要，因為在信息化和全球化的時代，我們越來越少能感覺到自己的獨特之處，保持獨具一格變得越來越難。而這些與眾不同之處，為相互補充和不斷發展創造了條件，也營造了舒適、愉悅的氛圍。

通過自己交往中的個人經驗，我可以這樣說：中國人民的優點是謙遜、不斷追求自我完善和尊重知識。中國人的這種品質，即他們常說的「以禮待人，以武修身」。中國已成為我的第二故鄉，在此我成為職業外交官、漢學家。

阿西莫夫在北京。

我在中國的整個工作任期充滿了溫馨的回憶。中國朋友的真摯、熱情、誠懇無法言盡，正是這些奠定了哈中兩國之間溫暖、友好關係的基礎。我們兩國的人民好像注定要相互理解、休戚與共，而兩國歷史上這些東西的意義非常重大。就像被時間隔開的兄弟，遵循心靈的呼喚，我們重新攜手並肩。正如歷史告誡的那樣，「遠親不如近鄰」。

　　中國人民的優秀品質，遠不止於好客和友善。在幾千年的歷史長河中，我們的偉大鄰居磨煉了自己的創作藝術。那些獨樹一幟的建築物，見證了中國建築師的非凡工藝。

　　我非常願意遊覽世界奇蹟之一的長城。新中國的締造者毛澤東曾說，「不到長城非好漢。」這位共產主義革命領袖的遺訓，成為我認知這個偉大民族的指南。在這個雄偉的建築上，每上一級台階，我都能感受到中國人民祖輩天才的力量，他們以此在人類歷史上留下了自己獨特的印記。

　　珍惜傳統、尊崇歷史，使中國人把很多藝術品保存得完好如初。無與倫比的感覺，每每產生於參觀歷史建築的時候，如北京的頤和園、故宮、天壇、月壇、日壇、地壇、密雲水庫。還有西山保護區的樹林，那些樹葉在秋天時變得火紅。

　　在這些地方與中國朋友聊天，讓我度過了最愉快的時間，他們為我揭開了這些美好地方神祕的歷史帷幕。直至今日，公園仍是各個年齡段人們聚集的地方，老少皆宜。練太極拳的人好像是在指揮棒

下協調動作，他們的平穩和從容不迫，傳遞著若干世紀的精氣神。書法家也在這裡競技比賽，他們善於在水泥路上書寫勻稱神奇的漢字。而古箏和二胡的聲音，與這幅畫面遙相輝映。綿長的樂聲，好像是對過去時光的留戀。

世界主要宗教都把中國選為自己的常住地，這一點都不足為怪。穆斯林、基督徒、猶太教徒與中國傳統宗教——道教的信徒們一起和睦相處。值得一提的是，儒家學說至今仍滲透在中國人的處世態度裡。「三人行，必有我師」、「智者千慮，必有一失」等表述，睿智而深刻。

此時此刻，呈現在外來客人面前的是北京特色的八百年首都的歷史。胡同的訪客中，有來自眾多國家的外國人。走過那些上百年歷史的建築，一個想法縈繞腦際：人類追求創造的幻想境界，真是無邊無際。同時，保留有輝煌古建築的老城，也融合現代和進步的氣息。

現在，我也經常有機會訪問中國，且每一次都會發現新的變化：人們的面貌和生活方式在變，民眾的福祉在提高。中國是一個有很大的獨特機遇的國家。改革開放政策的成功，把一個有著無限前景的國家展現在全世界面前。由於「改革開放總設計師」鄧小平富有遠見的決策，這個國家獲得了通向光明未來的鑰匙。街上大量的小轎車、品牌商業中心及高水平的服務業，都證明了中國人民生活水平的不斷提高。

阿西莫夫在重慶。

　　在中國的重要成就中，應當提一提成功舉辦的一系列大型活動。其中每一項都有意義，並帶有振興中華民族瑰寶的想法。

　　二〇〇八 年北京奧運會之前，我有幸讀到一篇文章，由一個不知名的記者寫於一九〇八年，即倫敦奧運會之年，文章的標題是「中國舉辦奧運會的日子會到來嗎」。這樣的話今天聽起來是預言性的，而對於那個年代來說，這是愛國主義的衝動。愛國主義精神奠定了中國發展的基礎，也給她注入了新的生命活力。顯然，如果是為了全民族的福祉，哪怕只是一個人的夢想，也可以成為整個國家發展的動力。

　　北京奧運會之後，接下來就是二〇一〇年上海世博會、廣州亞運會、北京千年展以及許多別的活動。這一切都具有中國特色的規模、新意和獨創性，給世界留下了深刻印象。

置身中國，我明白了，除了人民的價值觀和哲學，世上沒有什麼東西能抵禦住變化。中國先哲稱，「以史為鑑，面向未來」，按我的理解，就是「在現代基礎上，用老思想辦新事」。這個人口眾多、幅員遼闊並在短時間內躋身於世界快速發展之列的國家，今天成為世界穩定、和平與和諧的支柱。

　　我有幸在這個國家生活過一段時間，感受到她心跳的節奏，接觸到那裡非同尋常的人民的精神。而今，這一切都成了我永恆的記憶。

　　具有像徵意義的是，我生活中最幸福的時刻，正與我在中國的時期契合，我的小女兒古莉莎特出生在這裡。到現在我都記得，獲知她出生的消息那一刻，幸福感充滿了我這個做父親的心，我非常想與親近的人分享，而當時親近的人就是我的中國朋友們。後來，我善良的老朋友張曉陽大夫在照顧新生兒方面給予了巨大的幫助，她還給我的小女兒起了一個中文名字，叫梅花。看到她小心翼翼、充滿慈愛地對待孩子的樣子，我的內心溢滿了感激之情。她對孩子的愛心與生俱來。我發現，對於所有中國人來說，家裡添了新丁是巨大的幸福，自古以來就是這樣。現在曉陽已經當了祖母，她的兒子黃今和兒媳南希生了一對雙胞胎，起名叫九歌和常棣，據說是為了紀念偉大的將領。

　　時間不會停滯不前，孩子們在成長。我的女兒古莉沙特已經在北京首都經貿大學念三年級，兒子

伊利亞斯也在那所大學，本科畢業後繼續讀研究生。

　　如今哈中建交已經二十多年，我溫馨地回憶起當初與中國結緣的那段時光。令人愉快的是，兩國不止一代外交官致力於不斷鞏固雙邊關係，發展合作，共同拓寬相互協作的領域。最重要的是，兩國人民的友誼在加強。這讓我們有理由滿懷信心地期待在共同繁榮的大道上取得更多的成就。中國國家主席習近平二〇一三年九月七到八日訪哈時提出的振興絲綢之路的構想就是證明。

　　作為國際關係專家和中國文化通，我可以滿懷信心地這樣評價：這一構想的關鍵詞是「路」，能夠通向千百萬嚮往美好傳統的追隨者的心靈之路。

張曉陽大夫和她的雙胞胎孫子

而這得益於人的創造天賦，渴望經常交流和發展，包括為了哈中兩國人民的和平與福祉。在兩國舉辦的「哈薩克斯坦文化日」和「中國文化日」便是一個鮮明的互動榜樣。

我的路就是這樣。我想，中國的朋友和戰友們，也有了通過我來認識哈薩克斯坦的機會。要知道，我們永遠也不會成為過去的我們。尤其是記憶、友誼和捍衛哈中兩國利益的那種情感，就像長城一樣，將我們緊密地聯繫在一起！

中亞明珠

——我心目中的哈薩克斯坦

萬成才

（中國國際問題研究基金會俄羅斯中亞
研究中心執行主任，新華社前駐莫斯科分社社長）

哈薩克斯坦印象：巨變

說真的，二十五年前，哈薩克斯坦在我心目中只是從書報上了解的蘇聯的一個加盟共和國，僅此而已，其他一無所知。所以，儘管我上世紀六〇年代曾在蘇聯留學一年多，八〇年代曾在莫斯科工作五年多，但無論參觀、訪問，都未把哈薩克斯坦列入其中，總是選擇去很有名氣的列寧格勒、波羅的海、外高加索等地。

一九九一年十二月三十日，在白俄羅斯首都明斯克舉行的獨聯體國家首腦會議上見到納扎爾巴耶夫總統並聆聽了他在會上的發言後，我開始認真了解、研究和報導哈薩克斯坦。一九九二年秋，我曾作為中國唯一代表出席在阿拉木圖舉行的聯合國教科文組織亞太區域會議。二〇一五年六月，我應邀出席在阿斯塔納舉行的關於納扎爾巴耶夫和平思想的國際研討會，轉機時又到阿拉木圖參觀遊覽。從

當年和現在的所見所聞所知中，我深深感到哈薩克斯坦發生了真正意義的天翻地覆的變化，已成為名副其實的中亞地區的明珠。

一九九二年在阿拉木圖的幾天，正趕上小雨綿綿、霧氣濛濛，給人壓抑的感覺。初到哈薩克斯坦，無朋友相聚，我首先去拜訪中國首任駐哈大使張德廣。大使館設在一個飯店裡，走進張大使的住處，他打開的行李還未來得及收拾，沒待一會兒，就只好離開。接著，由新華社阿拉木圖分社首席記者俱孟軍陪同驅車在市內和到市郊著名的滑雪場遊覽，但所看到的一切與剛獨立的其他獨聯體國家無甚區別：街上的人們極少有笑容，商店裡貨架多是空空蕩蕩，滑雪場無一人在運動，好像整個城市都在沉睡中，沒有多少生氣。偶遇聊天的市民對生產生活大幅下降表示了極大的不滿和不解，甚至高級官員也在我這個生人面前表露無遺。從阿拉木圖乘飛機返回莫斯科時，我在機場候機室與時任哈薩克斯坦外交部副部長聊起了時局，他情不自禁地發洩對戈爾巴喬夫的極度憤慨，說正是他搞的「新思維改革」把人民拋入極度貧困之中，同時表示相信，在納扎爾巴耶夫總統的領導下哈薩克斯坦會好起來。這次我在阿拉木圖和阿斯塔納及附近所看到的一切，印證了他的信念。

昔日那個我曾見過的霧氣沉沉的阿拉木圖，如今道路整潔，建築舊中添新。與我同行的於洪君和石澤都曾在阿拉木圖工作數年，他倆特地步行去尋

訪當年的住處，但怎麼也找不到，因為變化太大
了，已無法辨認。儘管阿拉木圖不再是首都，但仍
是哈薩克斯坦的經濟、商業、文化中心，交通四通
八達，往返於烏魯木齊和北京之間的飛機座無虛
席。昔日相當封閉的阿拉木圖如今已與世界重要地
區相連。

　　這裡不能不說說阿斯塔納，因為她既是哈薩克
斯坦的首都，也是這個國家快速發展的縮影。二十
多年前，她只是個哈薩克斯坦北部草原中的荒涼小
鎮，在世界地圖中難以找到。從國家獨立和發展的
長期戰略出發，納扎爾巴耶夫毅然決定遷都阿斯塔
納。而今，她已成為一座在建築上集哈民族特點和
世界現代化理念為一體的世界名城，出席研討會的
二十多個國家的學者和官員無不為之讚歎。這裡凝

本文作者萬成才在阿
斯塔納留影。

聚了納扎爾巴耶夫總統和哈薩克斯坦人民二十多年來的心血,是哈薩克斯坦人民的新驕傲。

我們從阿拉木圖乘飛機,於中午時分抵達阿斯塔納。從機窗俯身朝下看,映入眼簾的是繞城緩緩流淌的伊希姆河和沿河兩岸向外擴的風格各異的建築,在驕陽下閃閃發亮。我們下榻的北京大廈位於市中心主幹道旁。清晨,我們登上大廈二十三層的旋轉餐廳向四周眺望,整座城市的概貌清晰可見。夕陽西下之際,我們漫步在中央廣場和河兩岸寬闊的大理石街道上,看到的是一座祥和、寧靜、生機盎然而又秩序井然的亮麗都城,市內優雅而整潔,遍布花壇、草坪、各種雕塑、小型街心花園和寬闊廣場。

中央廣場周圍是比鄰而立的總統府、議會大廈、總理府、各中央職能部門大樓、劇院、藝術中心和國家博物館等。傍晚,悠閒自在的鴿子和一些小鳥在附近漫不經心地行走或飛翔,伊希姆河兩岸整潔的樓群籠罩在金黃色的夕陽下,微風掠身,給人送來消暑的愜意。晚上十點,人們還不肯離去。

印象最深刻的是阿斯塔納獨特的建築,它們把現代的設計理念與哈薩克斯坦傳統的民族習俗和民願有機地結合起來。哈薩克人在長期的生產和生活中形成了獨特的民風和民情,傳統居所是圓頂氈房。設計師和建築師把這一傳統反映在現代建築中,所以,在阿斯塔納能看到不少高層圓頂建築。哈薩克斯坦國民主要信奉四種宗教:伊斯蘭教、東

正教、基督教、佛教。這四種宗教的建築風格居然融入了一個整體建築中，反映出這個國家的人民和諧相處的歷史和繼續和睦相處的願望。

我不止一次到訪過原蘇聯十五個加盟共和國的首都和一些城市，而阿斯塔納給我留下的印象最深。她是哈薩克斯坦獨立以來巨大變化的一個縮影。難怪二〇一三年國際大城市協會將阿斯塔納評為「獨聯體及歐亞經濟共同體地區最佳城市」。

哈薩克斯坦走向獨立和繁榮

包括哈薩克斯坦在內的中亞，不像格魯吉亞、烏克蘭、波羅的海三國，甚至俄羅斯那樣是主動爭取從蘇聯獨立出來的國家，而是「被獨立」的國家。在一九九一年三月十七日就是否贊同保留蘇聯的全民公決中，中亞五個加盟共和國贊同保留蘇聯的公民高達 90%以上，大大高於全蘇聯的 76.4%，連蘇聯的母體國俄羅斯聯邦也僅 71.3%。

一九九一年十二月八日，俄羅斯、烏克蘭、白俄羅斯領導人簽署了宣布蘇聯解體的明斯克協議。這三個加盟共和國的領導人原本打算邀請哈薩克斯坦共和國總統納扎爾巴耶夫參加，但在了解他的態度後就不通知了。但在明斯克協議宣布蘇聯解體後，納扎爾巴耶夫總統毅然奔赴莫斯科，聽取俄羅斯總統葉利欽的相關通報，然後抓住機會使哈薩克斯坦完全獨立，並邀請其他十個加盟共和國領導人

於十二月二十一日在當時的哈薩克斯坦首都阿拉木圖聚會，發表《阿拉木圖宣言》，宣布成立獨立國家聯合體。

哈薩克斯坦獨立之初，由於與原蘇聯其他加盟共和國尤其是俄羅斯聯邦的經濟聯繫突然中斷，經濟下滑約百分之五十，居民生活水平大幅下降。在這種百廢待興的局面下，納扎爾巴耶夫總統沉著應對，穩定政局，安定社會，著重發展經濟和改善民生，使局勢逐漸改觀，政局持續穩定。從一九九四年起，哈經濟穩定快速發展，這是政局穩定和有效克服危機的重要成果。

哈薩克斯坦是獨聯體國家中最早走出因蘇聯解體而導致的危機的國家之一。二〇一〇年，哈國內生產總值增長 7%，達 1460 億美元；人均國內總產值從 一九九四年的 700 美元提高到 9000 美元，十六年內增長了十二倍。二〇一四年，人均國內生產總值增至 1.4 萬美元，從而進入世界中等發達國家之列。二〇一三年，在一百四十八個國家的競爭力排行榜中，哈進入前五十名。目前，哈薩克斯坦仍把政府工作重點放在促進經濟發展上。

哈薩克斯坦是中國與中亞地區經濟合作規模最大的國家。哈薩克斯坦獨立後不久，就積極謀求與中國開展能源合作，以實現油氣出口多元化。中哈雙邊貿易額占中國與中亞五國貿易總額的半壁江山。據哈薩克斯坦統計局的資料，二〇一三年中哈貿易額為 225.27 億美元，占中國與中亞五國貿易

總額（460 億美元）的 48.9%，為哈當年對外貿易總額的 17.1%。二〇一五年三月，哈總理訪華，雙方簽總額署了多達 236 億美元的經濟合作文件，預料中哈經貿合作將有一個大發展。

納扎爾巴耶夫和平思想的寶貴貢獻

二〇一五年六月三十日至七月二日，由中國駐哈大使館和絲綢之路和平獎基金會、哈外交部聯合主辦的「納扎爾巴耶夫和平思想國際研討會」在阿斯塔納舉行。來自中國、獨聯體和歐盟國家的數十位著名學者和政界人士出席了研討會，大家爭先恐後發言，從不同角度充分肯定納扎爾巴耶夫和平思想對地區和世界和平作出的寶貴貢獻。

第一，率先棄核，使中亞成為無核區。納扎爾巴耶夫遵循建立「無核世界」的思想，毅然決定放棄核武器，與其他四個國家一起簽署了《中亞無核武器條約》，使中亞成為北半球第一個、世界第五個無核區。這是首個由有核地區變成的無核區，對國際核不擴散條約體系作出重大貢獻，促進了中亞地區的和平與穩定，受到各國的普遍歡迎和讚賞。

第二，遵循共同發展的思想，積極倡導和從事中亞地區一體化事業，謀求地區穩定和共同發展。二十多年來，納扎爾巴耶夫倡導實行中亞地區一體化和中亞與其他地區一體化的各種方案，例如建立歐亞經濟聯盟，為彼此經濟、文化等各領域交往和

共同發展創造條件。

第三，遵循建立相互信任的思想，致力於整個亞洲的和平、安全和穩定，並且倡導亞洲相互協作與信任措施會議（亞信會議），它已成為探討亞洲安全問題的重要平台。中國從一開始就支持納扎爾巴耶夫總統的這一倡議，中國領導人不止一次出席亞信峰會；二〇一四年中國擔任亞信峰會主席國，提出了共同安全、綜合安全、合作安全、可持續安全的亞洲安全觀。亞信已成為凝聚亞洲共識、增進亞洲國家團結互信的有效平台。

第四，遵循尊重多種文明的思想，積極主張以文明對話與合作來解決人類面臨的挑戰。納扎爾巴耶夫在《國際社會全面革新與文明合作》一書中寫道：「已經到來的二十一世紀，是文明一體化不斷深入的時代，以文明對話與合作解決人類面臨的全球挑戰的趨勢日益明顯，只有在合作的基礎上維護和發展這一文明多樣性的趨勢，才能保障未來文明的繁榮，才能避免各種文明之間衝突和威脅使用武力。」納扎爾巴耶夫主張用和平手段解決衝突的思想在這裡闡述得十分清晰，是對冷戰後出現的「文明衝突論」的有力回擊。

第五，遵循和平發展、共同繁榮的思想，率先支持中國提出的「一帶一路」倡議。習近平主席二〇一三年九月訪問哈薩克斯坦時，選擇在納扎巴耶夫大學發表共建「絲綢之路經濟帶」的重要倡議。這不是偶然的，旨在讓古絲綢之路更輝煌，使歐亞

大陸各國和平發展、合作共榮。納扎爾巴耶夫總統率先支持，並在二〇一五年五月七日和習近平主席會談時重申，哈薩克斯坦支持中方提出的「一帶一路」倡議，願意成為絲綢之路經濟帶建設的重要夥伴，做好絲綢之路經濟帶建設與哈「光明之路」經濟發展戰略的對接。

二十多年來，納扎爾巴耶夫一手高舉捍衛國家獨立、主權的旗幟，一手高舉和平發展的旗幟，把哈薩克斯坦引入了地區和世界的大舞台，並發揮著越來越重要的作用。所有這些成就，是在沒有民族衝突、沒有戰火的和平建設中取得的，與飽受衝突乃至戰火之苦的一些獨聯體國家形成了鮮明的對照。

二〇一五年四月二十六日，哈薩克斯坦人民再次投票選舉納扎爾巴耶夫為自己的總統。這說明他們深信，在納扎爾巴耶夫總統領導下會取得更大的成就。真誠祝願哈薩克斯坦人民繼續成功！

中國親歷記

康·瑟羅耶日金

（哈薩克斯坦總統戰略研究所首席研究員，

政治學博士、教授）

　　我與中國結緣可以追溯到很久以前。一九七六年，我從蘇聯軍隊退役，由於機緣巧合進了莫斯科一所大學的東方系。當時中蘇關係不是太好，但學習漢語的人占了東方系的大部分。在專業選擇上，我們的意見並沒有得到重視，但幸運的是我們的老師都非常好，水平也很高。我們不僅學習語言和歷史，還學習與中國有關的其他知識。老師們教得可以說非常用心，最重要的是，他們不僅教我們了解中國，而且教我們去熱愛中國，熱愛中國偉大而古老的文化。

　　如今的國界實際上是開放的，互聯網把世界連在了一起。但在二十世紀七〇年代末卻完全不同，想要去中國，就和前往別的國家一樣，完全是異想天開。因此，我和大多數其他同學一樣，通過圖書館了解中國。我們不錯過任何一本與中國有關的書籍。雖然當時蘇聯與中國進行所謂意識形態的爭論，卻仍然有許多高質量的關於中國歷史、文化和哲學的書籍出版。而且，這些書的作者都是蘇聯漢

學界的翹楚。同我們這一代相比，他們的幸運之處在於趕上了和中國關係友好的年代，有機會長時間在中國工作，能從內部直觀感受和了解中國，所以從他們身上可以學到很多東西。

後來，我在蘇聯科學院遠東研究所攻讀研究生。這時，我對中國歷史、哲學和文化有了更深入的研究。一九八六年夏天，我有幸擔任翻譯，陪同中國的官方代表團——以婦聯主席為首的中國婦聯代表團訪蘇。這是在中蘇長時間爭論後第一個訪問蘇聯的中國代表團。通過與中國代表團的接觸，通過將他們的言行與蘇聯後期的官僚主義對比，更加深了我對中國的好感。

之後，我曾先後在哈薩克斯坦科學院維吾爾研究所、東方學研究所和哈薩克斯坦總統戰略研究所工作。在這些崗位上，我或多或少都從事與中國有關的問題研究。隨著研究愈加深入，我對這個國家及其人民和某些政治領袖就越來越有好感。

一九八八年，我第一次訪問中國，作為翻譯陪同哈薩克斯坦代表團訪問了新疆維吾爾自治區烏魯木齊市和昌吉回族自治州。這是一次難忘的經歷，更重要的是，讓我能夠從對比的角度評價中國二十多年來的發展道路。

那時烏魯木齊還是個不大的城市，有點像二十世紀七〇年代的阿拉木圖，昌吉回族自治州首府昌吉市也僅僅是個類似的小城鎮。根據當時的慣例，哈薩克斯坦代表團被安排在地方領導住宿的招待

所。當地的旅遊基礎設施建設剛剛起步，因此賓館正在建設中。到距離烏魯木齊一百八十公里遠的吐魯番，我們走了三個小時，而現在只要一個小時多一點。那個時候，招待所也只接待特殊的客人。

一九八九至一九九○年，我有機會在北京大學進修一年。對我來說，這是真正了解中國的一年。由於外國進修生的課業並不特別繁重，因此我們大部分時間都用來周遊北京和中國。幸運的是，參觀博物館、公園及坐火車都能享受半價。

一九八九年，學校組織外國進修生參觀廣東省。廣東是經濟特區的故鄉，是中國發展最快的地區。旅途中，老師陪同我們，不僅安排各種見面和聚餐，還要充當從方言到普通話的翻譯。要想聽懂當地老鄉跟我們說什麼真是太困難了，簡直就像另一種語言。也就是在這裡（當然，在上海和其他一些地區也一樣），你才會明白文字的重要性，正是

「東方威尼斯」——蘇州古城

漢字把中國統一了起來。

　　從九〇年代中期起，我有機會經常到中國去，能夠更直接地觀察到中國和中國人民發生的變化。

　　究竟中國的什麼吸引了我呢？事實上，它的一切都讓我著迷。我對中國歷史了解得還不錯，尤其是當代歷史讓人受益匪淺。我不敢自稱是中國文化的「百事通」，但是尤其當我試圖去理解當今中國社會中傳統與現代的結合時，我卻不能不為之興奮動容。如今，我們不能忽視中國社會中傳統與現代的結合。這裡竟可以找到一個黃金平衡點，讓過去的傳統和現代科技成就完美結合，就像我剛才提到的中國古典哲學。孔子、老子、孟子、孫子等思想家不僅教會我們思考，還讓我們懂得如何適者生存。

　　在這裡，我想和讀者分享自己關於中國發展方面的一些觀察和思考。我並非要寫一篇學術報告，而是僅僅想講出我的親眼所見，讓大家重新認識中國和中國人民，或許就像中國古語說的那樣：「百聞不如一見。」

中國南部的明珠

　　我最難忘的一次中國之行要歸功於我的朋友尹樹廣。一九九四到一九九九年，他是《人民日報》駐中亞記者。回到北京後，他於一九九九年夏天邀請我去中國，我們在烏魯木齊會面。我有十年沒來

烏魯木齊了，這裡的新面貌給我留下了深刻印象。十年間，烏魯木齊已由一個小城變成了現代都市。毫無疑問，城市面貌的改變與中央財政的撥款扶持，與來自上海、廣州和香港等地的投資密切相關──正是那裡的商人投資建設了我們入住的海德酒店。引人注目的是，那些年烏魯木齊將目光集中在發展與中亞國家的聯繫上，已有的或正在建設的購物旅遊基礎設施就證明了這一點。

十年間，居民的精神狀態也發生了很大變化，人們開始感觸到某種商業氣息，外國人也不再鮮見。

在接下來的兩週裡我遊覽了蘭州，品嚐了著名的蘭州拉麵；遊覽了北京，感受到了它無與倫比的美麗，參觀了古蹟，吃了北京烤鴨，在北大附近的胡同裡吃到了久違的魚香肉絲（遺憾的是，那時胡同已經快消失了）；然後，參觀了南京的中山陵；在上海看到了混合著殖民地和超現代風格的建築，吃到了特色小餅；在廣州感受了多彩的夜生活，最後我們去了深圳。這裡我想好好講講深圳。

改革開放前，深圳還只是南海邊上一個幾萬人的漁村，和中國大多數村鎮沒什麼兩樣──赤貧、技術水平低下。然而，二十世紀七〇年代末，情況發生了變化，中國將改革提上了日程。經濟改革中一個重要的方面，就是擴大對外經濟聯繫，吸引外資。其中一項重要舉措，就是在七〇、八〇年代之交建立了經濟特區，深圳就是第一個經濟特區。

深圳奇蹟中並無任何祕密可言。它發展的基礎，就是利用經濟特區的有利地位和優越的地理位置。那些來過深圳的人都說，好像來到了一個新的城市，因為這裡的變化實在太大太快。

尤其是在去過廣州之後，更讓人體會到深圳人完全不同的精神氣質——見不到南方人的「小家子氣」，取而代之的是「特有的南方睿智」。就像二十世紀初的美國那樣，它的真諦在於每個人都是自己幸福的締造者。這種現象的原因十分簡單，深圳的大部分居民都是外來戶，對許多年輕人來說，去特區工作是他們夢寐以求的事。深圳作為全國經濟特區的領軍之地，自然具有巨大的吸引力。

深圳經濟特區（供圖：中新社）

無疑，比全國平均水平高出四五倍的工資吸引了年輕人。但更重要的是，在這裡，他們有機會接觸現代經貿，施展自己的才華，並在未來開創自己的事業。因此，從外在就可看出，深圳緊張、快節奏的生活，與「大陸」的慢條斯理截然不同。

　　這裡也完全感受不到語言上的不便。雖然深圳流行講廣東話，畢竟這是香港那邊說的方言，但是不會講也沒什麼大不了。何況，深圳也是移民城市，而且大部分是年輕人，交際時仍然使用普通話。

　　最後要提到的，就是在這個城市居民的臉上都可以看到他們的進取心。與中國其他旅遊城市相比，深圳沒什麼歷史古蹟，然而，這並不意味著它無法吸引遊客。深圳本來就是一座獨特的城市，這裡有你想見到的一切。如果你想看歷史古蹟，你可以來深圳，在錦繡中華文化主題公園中有中國歷史名勝的微縮景觀；如果你對民俗文化感興趣，那麼這裡有少數民族主題公園；對美食家來說，這裡則有專門的餐廳，提供中國各地區菜系的美味佳餚。

　　就像其他南方城市一樣，深圳的夜晚尤其美麗。每當這個時刻，你就有機會欣賞到南方的美妙。熱氣消退了，街上到處都是小飯館和攤販，他們越聚越多，叫賣聲此起彼伏。街上人聲鼎沸，所有的商店都開門營業，燈箱廣告讓人眼花繚亂。

　　當你離開這美麗的中國南方之角，一定會覺得戀戀不捨，並熱切期盼以後能有機會再次造訪。

秦始皇陵

　　如果你想見證世界上的奇蹟之一，那就去西安吧。這附近是秦始皇時期的都城。秦始皇（前 259 至前 210）雖在位時間不長，卻在中國歷史上留下了濃墨重彩的一筆。他的名字和中國歷史上第一個中央集權王朝——秦（前 221 至前 206）、萬里長城等緊密相連。他建立了當時世界上最強大的軍隊，統一了文字、貨幣和度量衡，組織撰寫了編年史。遺憾的是，他也坑殺了四百六十名文人。

　　秦始皇的一生，包括其死亡，都隱藏著很多傳說和謎團，這無須大驚小怪。在人民心目中，他首先是一個暴君，耳目眾多，四處搜尋圖謀不軌者。在秦朝全盛時期，也就是他統治的最後十一年，他

基本沒有離開過王宮，甚至懼怕身邊的人蓄意謀害。他至死都沒有擺脫這種對人民和親信的恐懼之感。秦始皇下令在距離西安二十公里處建立一座地下陵墓，作為他最後的安身之所。

據傳，皇陵主大廳是帝國的微縮模型，地下布滿了用水銀做的江河湖海。秦始皇認為，在陰間也可以統治自己的帝國，因此在自己周圍安置了軍隊——八千多兵馬俑。他大概認為，必要時將士的靈魂會附著到這些泥人身上。

陵墓的總面積達五十六點二五平方公里，修建歷時三十八年，共有七十二萬人參與這項工程。到秦始皇去世時，也只完成了一半。根據司馬遷《史記》記載，秦始皇的遺體被放置在青銅棺木裡，棺木就放在水銀湖的中央。而據其他傳說，秦始皇遺體佩金戴玉，嘴裡含著珍珠，棺木則隨水銀浪漂浮。

秦始皇陵兵馬俑坑

究竟真相如何，很難說。中國的考古學家也並不急於揭開秦始皇陵的祕密。坦率地講，最好將這個祕密留在歷史的長河中，以免它遭受更大的劫難。然而，經現代光譜分析確認，陵墓內確實存在大量的水銀。

二千多年來，秦始皇的陵墓深埋地下不為人知，是一個農民偶然發現它的。當時他正在打井，無意中挖出一個兵馬俑。一九七四年，考古人員對兵馬俑開始了專門的發掘。深埋地下二千多年的秦始皇陵重見天日，其規模之宏大令世人震驚。

當然，兵馬俑的壯觀是無法用語言來形容的，需要親眼見證。難以想像，為製造這些兵馬俑耗費了多少勞動——每個兵馬俑的面容都栩栩如生，難以概括地說出他們的樣子。如今這一世界奇蹟向遊客開放，在已發掘完成的地點（其他有些地方發掘仍在繼續）建立了很棒的展覽館。

　　西安絕對值得一遊。請相信，你不會後悔的，在這座中國古代的都城，有很多值得一看的地方。例如，城牆已按原貌修復。當然，這不是八達嶺，但同樣讓人印象深刻。尤其是城牆的方條石，上面刻有捐資人的名字。

　　西安的其他古蹟也同樣迷人。例如建於西元六五二年的大雁塔，這是一座高六十四米的七層藏經塔；自六四四年就使用的華清池，水溫常年維持在四十三度；陝西歷史博物館，可能是中國最好的；法門寺的寶塔高四十七米，共十三層，珍藏有大量精美壁畫和佛龕。

走進西藏

　　二〇〇七年六月，我的夢想終於成真，我的中國朋友幫助組織了一次為期一週的西藏之旅。當然，時間並不長，也不可能看完所有的一切，然而在西藏的所見將永遠留存在我的記憶中。

　　在我的印象中，西藏充滿了神祕，因此才吸引了外國遊客。在眾多的文學作品和電影中，對此更

是描繪得出神入化。雖然我沒見到所謂的神祕，但可能真的存在。不管怎樣，在旅遊地圖上那些神祕的去處（如岡底斯山）十分惹眼。據導遊講，西藏保留著獨特的葬禮傳統，最隆重的是天葬——死者的遺體被分成幾塊，拋擲在山上供鳥吃食；其次是水葬——將死者的遺體拋擲於江河中；而對於大多數人來說，則是土葬——將其遺體埋入土中。

我還想提到的是，事實上所有西藏人的家中角落裡都掛著專門用來驅邪的小旗子。還有很多聖地，如泉、崗、樹木。我還曾在一個海拔五千米的山口許過願呢，怎能不留下紀念！什麼時候還能重返此地？！

至於說起現實，無疑，它與以前在書中讀到的都不同。尤其關於歷史文化，變化非常之大。若是沒有注意到令人難忘的西藏民族文化和古代寺廟的特點的話，那麼，最吸引眼球的要數那些基礎設施

西藏的喇嘛

了。高山上的公路修得很好，手機到處都可收到信號，這著實讓哈薩克斯坦人羨慕不已。

我注意到，西藏人對傳統習俗十分珍視，這裡見不到廢棄的寺廟。那些參拜過的地方，事實上看起來都狀況良好。信徒數量驚人，並且未被限制，不管怎樣，這種情況我未曾見到過。而且，據我觀察（一週的時間還是走了不少地方），傳統仍有很強的生命力。

從某種意義上說，我是幸運的。我來西藏時正趕上過節，並且正好到了一座寺廟。說實話，我有這樣的印象，好像全西藏的人都來到了這裡。無論老少，都上山拜佛，而且要登很高的山，這是一種信仰的體現。

參觀拉薩的寺廟，更讓我堅信這一點。引人注目的是，來這裡的朝拜者就像西藏的喇嘛一樣多，他們對著佛像拜了又拜，不是簡單的叩頭，而是整個身體伏地，完全不在乎這裡有眾多的旅遊者。儘管有些反常，但喇嘛中不乏年輕人。寺廟中特別顯眼的是，其收入的基本來源除了接待遊客，還有從事古老西藏典籍的翻譯工作，傳授各種古代流傳下來的智慧成果，包括藏醫學。

西藏寺廟的宏偉及其完好程度也令人稱奇。這其中的原因非常簡單，西藏主要的旅遊線路都是圍繞著寺廟而行，旅遊者的數量決定了寺廟的繁榮與否。當然，寺廟的數量與以前相比有所減少，但僅保留下來的也無法看完。用一週的時間遊覽西藏，

瑟羅耶日金在拉薩布達拉宮前。

真是太少了。

　　至於布達拉宮，可以講很多很多。這可能是我所見到的建築中最為宏偉的。布達拉宮屹立在拉薩市區西北的紅山上，可以俯瞰整個拉薩。從建築正面引出三條石級階梯，直通宮堡前廣場。據說，宮堡裡有九百九十九個房間。達賴喇嘛的靈塔殿和各類佛殿位於宮堡的正中央，叫作紅宮。要想把這座宮堡參觀完，需要半天時間。難以想像，香客們走完這條路線還須按教規磕頭，需要多長的時間。對我來說，同時也是對大多數外國和中國其他地區的遊客來說，布達拉宮只是一個關於民族歷史的博物館。儘管規模宏大，但仍只是一個博物館。

　　首先，我要說的是，西藏最讓人印象深刻的是道路四通八達，通訊便捷。同樣讓人驚訝的，還有建在山上的一模一樣的村落。我覺得導遊說這些都是個人建成的不太可信，若是沒有國家的大力支持，這樣的工程是無法完成的。所有村落都是按統

一設計建造的，只有屋頂的顏色不同。

其次，特別是對比過中國南方城市之後，我注意到，這兒的街上行人稀少，飯店也不多，既沒有廣州或上海的夜晚那種人群擁擠，也沒有中國飯店裡常有的那種喧鬧。很奇怪，就算飯店裡有顧客，也沒有那麼人聲嘈雜。

第三，就是西藏游牧民的生活特色。無疑，他們居住在帳篷裡，而緊挨著帳篷就是各種現代文明的成果——摩托車、檯球桌，甚至還有衛星接收器。

最後，這裡缺少像樣的建築機械（至少在那些年代），道路維修及大部分房屋的建設和改建主要依靠人工。據我觀察，建築工人幹活效率也不高。

不得不承認，西藏的食物並沒有給我留下什麼特別的印象。當然，品嚐一下還可以，卻遠遠算不上烹飪藝術的傑作。

中國的西大門

我去得最多的，要數中國的新疆維吾爾自治區了。首先，這裡與哈薩克斯坦接壤，因此去一趟並不費什麼勁，花費也不高。其次，這麼多年做學術研究，我一直關注新疆，確切地說，是研究中國這一地區與社會經濟、民族、宗教和政治進程相關的問題。

新疆在中國發展同中亞地區的關係方面發揮著

特殊的作用。這不僅僅因為其鄰近中亞的地理位置，更尤其人口和民族構成決定的。新疆有幾乎所有生活在中亞的民族，有一些還是新獨立國家的主體民族。這不僅有利於發展國家間的關係，也為中國公民深入中亞國家提供了便利。

還有一點非常重要，就是中亞國家擁有巨大的人才、科技和工業潛力，有助於促進新疆成為中國西部的重要工業基地。尤其目前更為現實的是，根據中國政府的規劃，新疆應該成為實施建設絲綢之路經濟帶構想的「關鍵地區」。實施這些規劃完全是可能的。自一九八八年以來，我常去新疆，所以我有資格對這一地區發生的變化作出評價。

二十七年裡，我去過新疆的許多地方，有些地方是開車去的，不僅可以看到這裡發生的巨大變化，還可以看到這些變化對地區的深刻影響，並加以比較。現在就說它完全是綠洲並不準確，然而想

烏魯木齊國際大巴扎
（供圖：中新社）

要理解新疆，光去烏魯木齊不夠，還需要去吐魯番、哈密、和田、伊寧、阿克蘇、庫爾勒和喀什看看。

如今去南疆，與十九世紀末俄羅斯和歐洲的學者，包括我們偉大的同胞喬汗‧瓦裡漢諾夫進入南疆的情況完全不同。現在去一趟非常容易，只要坐上舒適的波音客機，經過一個半小時的飛行就可以到達喀什。的確，這趟旅程有一個不足之處，就是只能從八千米的高空觀賞新疆的綠洲美景。這雖然更安全些，卻無法領略到個中的美妙。但對於研究中國西部各民族歷史和文化的人來說，已經足夠了。

從高空可以清晰地看到南疆的美景，了解為何這片土地上發展起來的文化被稱作「綠洲文明」。透過舷窗，可以看到一望無際的荒漠上突然出現了河流和湖泊，在它們周圍形成了城市和村莊。

在二十世紀中期前，「維吾爾族」這一名稱幾近消失並非偶然，各地的居民自稱「喀什人」、「和田人」、「吐魯番人」等。對每個地區狀況的了解越深入，這種地區特點就感受得越明顯，這樣就不難理解維吾爾族內部的差別，以及新疆不同地區民族之間的關係。

新疆歷史命運的不同之處在於，這種跨境交流越頻繁，對發展「綠洲文明」的意義遠比該地區內部之間的交往更為重要。例如，喀什靠近西部邊境，受伊斯蘭文明影響很深。即使今天，喀什依然

在很大程度上受費爾干納盆地、阿富汗和巴基斯坦的影響。準噶爾地區曾經受蒙古和突厥部落統治，受錫爾河流域影響。從葉城、和田到庫爾勒的塔里木盆地南部，深受印度文明的影響。新疆東部包括吐魯番、哈密和烏魯木齊，則受佛教文化影響，與中國內地聯繫密切。現代化進程無疑也對這一特點產生了影響，但只是外表上的改變而已。

遊客在去喀什之前，對十九世紀英俄「大角逐」有很多了解，一定想親眼看看那時的喀什，但結果恐怕要失望了。遺憾的是，喀什僅有一個街區保留了原貌，不過就連這個區，也為了發展現代旅遊業而進行過改造。老城實際上已經不見蹤跡。這當然令人悲傷，不過確是都市化必須要付出的代價。

喀什依然保留下來的許多伊斯蘭聖地，卻部分地彌補了這一缺失。例如，位於市中心的艾提尕爾清真寺，有近六百年的歷史，是中國最大的清真寺，能容納四千人；香妃墓建於一六四〇年，是最大的蘇非文化中心；距喀什不遠坐落著馬哈茂德‧喀什噶裡墓，他是最著名的維吾爾啟蒙者之一。總之，對熱衷於古蹟的人們來說，這裡絕對值得一看。

我建議古代文化的超級發燒友不妨去看看吐魯番和敦煌。沿著極好的高速公路乘車一個半小時，就可以從炎熱的沙漠地帶到達吐魯番綠洲。這裡幾乎不下雨，人們很早就能夠開發利用井水和地下水

渠（坎兒井）進行人工灌溉。據旅遊宣傳小冊子上說，今天吐魯番百分之七十五的土地仍用這種方式灌溉。

建於西元前一世紀的高昌古城，距離吐魯番四十六公里。由於少雨，這些遺址仍舊保留著原貌。買票進入後，可以沿著古城遊覽。

吐魯番最主要的古蹟是千佛洞。它位於吐魯番市向東四十八公里處，建於五到六世紀，大部分壁畫完成於唐朝（618-907）。遺憾的是，其中多數保存狀況堪憂，但根據殘存的部分仍可以想像那時人們的衣著外貌。在中國內地的佛教寺院裡，可以看到類似的面孔。

但是最吸引眼球的是甘肅敦煌的石窟。在這裡，你可以根據自己的喜好，參觀莫高窟的四千尊佛像。它們和吐魯番的佛像建於同一時期，但是由於後世多次修復，保存更加完好。同時，還可以參觀有著一千六百年歷史的炳林寺和臥佛寺的大佛。對那些喜歡極限運動的人，我建議坐著滑板去沙丘上滑沙。這裡的沙丘非常多，敦煌城外到處都是。

我們從烏魯木齊坐車到敦煌，一路上，最讓我震驚的是新疆基礎設施的發展。對於我提出的能否馬上建一條四車道公路的問題，司機往右邊一指，自豪地說，過兩年那裡就將建成這樣的公路，車流的通行將不存在任何問題。果然不出所料，二〇一四年當我再次去吐魯番時，這條公路已經開通。然而，對於生活在山區的我來說，最驚奇的是從南疆

通往烏魯木齊的高速公路。在回烏魯木齊的路上，我們看到山中的一些路段被分成了兩個單向的雙車道。應該承認，這樣既方便，又安全。

最令我驚訝的是通向什巴爾庫勒湖（花海子）的山路。我們的奇姆布拉克的公路與之相比，無論在路況還是道路建設方面，都要略遜一籌。如此平坦的道路，我只在蘇聯時期的克里米亞見過。

從霍爾果斯—伊寧—庫爾勒—庫車—新和—庫爾勒—烏魯木齊這一路旅行下來，我也觀察到其他一些情況。二〇一〇年，我有幸坐車走過這條線路。那時南疆的開放才剛剛開始，南疆和北疆的道路建設情況差距很大，只有庫爾勒—烏魯木齊公路狀況較好。

這一地區的貧窮也令人驚訝，當然，這是與烏魯木齊和伊寧相比較而言。庫爾勒因石油開採而發展繁榮，而其周邊的小城和村鎮卻仍變化不大。

數據顯示，主要是回族人和漢族人居住的北部，成為新疆最大的社會產品生產地和主要的工業、科技中心。而且，提到新疆經濟建設的成就，不能不說的是，雖然地方財政的資金逐年增多，但新疆基礎設施建設的資金大部分依賴中央財政撥款。無論在南疆還是北疆，這一點都很明顯。

而這很能說明問題。我認為，那些鼓吹新疆獨立的人，要麼是內奸，要麼是蓄謀分裂中國、破壞中亞穩定的人。說什麼為了維吾爾人的利益，在此並不恰當。對於這些人來說，如果他們

真的打算考慮維吾爾族人的利益，那也是放在次
要位置的。

毛澤東的故鄉

我想用我的湖南之行來結束這篇中國之旅的遊
記。湖南是毛澤東主席的故鄉。湖南省有兩個旅遊
重點，一是長沙及其周邊地區；二是張家界的自然
風光，已被納入外國人旅遊線路，主要是日本和韓
國的遊客，從景區留下的韓文和日文塗鴉就可看
出。電影《阿凡達》熱播後，這條旅遊線路特別風
行。

省會長沙與其他中國城市並無二致。不管怎
樣，這是最初的表面印象。唯一的突出特點，就是
毛澤東的標誌隨處可見。市中心一座公園裡有毛主
席紀念碑，紀念碑並不大──喀什那座比這個大多
了。

然後，我們去了韶山市。這座小城的重要性在
於，一八九三年十二月二十六日，「偉大舵手」在
這裡誕生。他童年居住的房子、游過泳的池塘、他
父母的墳墓，今日都成了紀念地。經歷過蘇聯時期
在列寧墓前排長隊的人，才能理解這裡排隊瞻仰領
袖故居的遊客們。確實，這個長隊要增加五六倍。

還有一處瞻仰地──毛澤東紀念碑。這座紀念
碑於一九九二年十月二十一日落成。紅銅澆鑄的毛
澤東像矗立在花崗岩底座上，上面刻著江澤民的題

字：「毛澤東同志一九九二年十月二十一日。」我可以見證的是，來紀念碑前瞻仰的人川流不息。

無疑，來到韶山不能錯過這裡的地方美食——紅燒肉。這是毛澤東最喜歡的一道菜。他不在故鄉時，經常要吃這道菜。

之後，我們從韶山直奔張家界。旅途漫長卻不使人疲憊。公路平坦，兩旁是繁茂的植物。張家界最主要的景點是武陵源地質公園。公園分為四個主要的風景區：張家界國家森林公園、索溪峪、天子山、楊家界。

毛澤東紀念碑

只要看過電影《阿凡達》，就可以想像出天子山的景色。電影中的「懸山」並非作者的憑空想像，天子山在低低的濃霧層中看起來就是這樣的。正是這裡激發了導演的靈感。

　　距離張家界市中心八公里處，有另一處自然奇觀——天門山。它的名稱準確反映了其特點。此山的著名之處在於它的洞穴——天之門。這是世界上最高的洞穴，是經過幾個世紀的侵蝕自然形成的。導遊說，這個洞穴是西元二六三年因一塊巨石突然掉落而形成的，高一百三十一點五米、寬五十七米、長六十米。

　　蜿蜒曲折的小路通向天門山，而要登上「天門」，共有九百九十九級台階。這個數字在中國是神祕而神聖的，並不是所有的遊客都能完成這次攀登。通向山頂的彎道令人難忘。在十一公里的路途上，有神祕的九十九個轉彎，每個轉彎之間距離約二百米到一千三百米。無疑，司機都是開車高手，但還是讓人提心吊膽，他們的車開得就像隨時要掉下山崖一樣。

　　在當地居民中有一種迷信的傳說，似乎天門山與天相連，擁有超自然的神力。在二十世紀，有四次不知何故突然從山頂掉下瀑布，高達一千五百米，持續十五分鐘，然後突然消失。這一奇觀先後發生在一九四九、一九七六、一九八九和一九九八年，一些迷信的中國人認為，這些巧合併非偶然。

　　從市中心到山頂有世界上最長的索道——長七

千四百五十五米，跨距為五百米。在一些地方，索道的傾角達到了七十度，就像突然衝入雲霄，讓人難忘，但感覺還是挺險的。

為方便遊客，山周圍修築了專門的道路。山道長五公里，寬只有一點五至二米，修在懸崖峭壁上，下面是煙霧瀰漫的萬丈深淵。雖然你知道築路專家早已考慮到眾多遊客形成的道路負荷，卻仍會膽顫心驚，真是令人歎為觀止！

另一處自然奇蹟黃龍洞，也將給你留下深刻印象。洞中有二河、三潭、四瀑、九十六廊和數千個石筍、石柱、鐘乳石等。山洞的最高點達一百四十米，而至山頂的距離只有十七米。遊覽整個黃龍洞需要約兩小時，其中步行二點五公里、坐船八百

張家界（供圖：中新社）

米。

　　還有一處人工景點——百龍天梯值得一遊。遊客可從三百三十米高的山頂直接乘梯而下，這也是世界上最高的天梯。

　　當然，來到這裡不能錯過國家森林公園。請相信，您一定不虛此行，可盡享大自然風光。對於那些懶漢和好奇異國風情的遊客來說，在這裡可以選擇坐轎，價格不算太貴。但考慮到自己的體重及出於老的觀念，我不願讓瘦弱的轎伕們受累了。

　　我對中國之行的敘述就要結束了，但我並不想就此擱筆。中國是多面的，每一地區不僅有自己的美食和特色，也有自己的奇蹟。因此，我希望有機會繼續旅行，也借此加深對中國的了解。

　　更何況，現在中國為赴華旅行創造了幾乎是極好的條件。這不僅指很好的基礎設施將隨著建設絲綢之路經濟帶的進程而更加完好，還有習近平主席提出的「世界應更好地了解中國」。我相信，這意味著對外國人的某些限制會被取消。因為，要真正理解一個國家，光靠觀賞其美景和古蹟是不夠的，還需要看到該國的人民究竟怎樣生活。

君子以同道為朋

——我的亞信記憶

劉延喆

（中國外交部歐亞司隨員）

二〇一三年八月，我從國外常駐回來後被分配到外交部歐亞司，直接參與亞信峰會的籌備工作。彼時，尚不知亞信為何物，我甚至在電話上貼了「亞洲相互協作與信任措施會議」的字條，因為在同部內或是外單位打交道時說起亞信，很多同仁也都是一頭霧水，我只得從會議的全名開始介紹。

劉延喆參加亞信峰會籌備工作期間在會場留影。

　　翻開歷史檔案，我對亞信的來龍去脈了解不斷加深。一九九二年第四十七屆聯合國大會上，哈薩克斯坦總統納扎爾巴耶夫獨樹一幟，以戰略家的氣魄倡議成立亞信會議，以增進亞洲各國間理解與信任，共同維護亞洲的和平、安全與穩定。但是，亞洲各國社會政治制度與經濟發展水平千差萬別，加之受歷史遺留問題的困擾，建立一個能被普遍接受的多邊磋商機制相當艱難。據親歷者見證，當初和者寡，懷疑者多。但千里之行，始於足下。哈薩克斯坦領導人以草原民族特有的智慧與堅韌，幾乎調動了全部外交資源，一次次顛覆了世人「不可能」的目光。在哈方的不懈努力下，亞信逐步發展擴大，得到多個地區大國的支持，成功舉辦了兩次峰會。二〇一〇年六月，土耳其從哈薩克斯坦手中接任亞信主席國，亞信第三次峰會在伊斯坦布爾舉行。在土耳其擔任亞信主席國的四年中，各領域的信任措施逐步推進落實，亞信在亞洲安全領域及現代國際關係體系中也逐漸擁有了一席之地。

　　二〇一三年十月，阿拉木圖亞信外長會議時，應哈方盛情邀請，中方宣布接任二〇一四至二〇一六年亞信主席國。中方這一決定得到亞信成員國的高度重視和一致支持。這既反映了中哈關係的親密度和高水平，為兩國全面戰略關係注入新的活力，又展現了我們對亞洲地區安全形勢和亞信未來

發展的深邃洞見，再次向世界彰顯了中國對地區事務的責任和擔當，也是我國自身安寧穩定和發展繁榮的必然要求。隨著中國決定擔任主席國，亞信在國際上的曝光率大幅增加，第四次峰會籌備工作也緊鑼密鼓地展開。峰會邀請函一經發出，確認與會的消息紛至沓來，涉及峰會安排的方方面面也成了各方關注的焦點。

禮賓座次謀新意

首當其衝的敏感問題，就是峰會禮賓座次的安排。與會各方都很在意，通過各種場合和渠道打聽全體會議的座次。根據亞信框架內舉辦峰會的慣例，一般按國家英文名稱的字母順序排列，先成員國後觀察員。當然，也有靈活變通處理的先例。當初，哈薩克斯坦安排與會領導人座次時，也將各國及其領導人的「政治分量和實力」等因素考慮了進去，特意將中俄兩國領導人的位置排在哈國總統的左右手。

中國是禮儀之邦，在確保「各就各位」的同時，還要體現周到溫馨的禮數。荷蘭主辦核安全峰會時，採用了按照鐘點排位的方式，即在三點、六點、九點和十二點四個方向安排西方國家的代表，這樣發言時易於相互呼應、形成陣勢。受此啟發，經過多次研究比較，我們提出了請主席國領導人坐在十二點鐘方向的主位，在三點、六點和九點的位

亞信峰會主會場

置分別安排有代表性的、級別較高的代表團團長，
同時以此四點為基軸，相應分散安排其他國家代表
團團長的位置這樣一個方案。但這打破了亞信的座
位規則，需進行縝密設計，要考慮哪些國家相互間
有矛盾，哪些國家不能排在一起，還要保證一些國
家領導人的優先位置。由於同以往峰會的排位有較
大差異，峰會前兩天我們才向有關國家通報，果不
其然，引發了個別國家的「強烈反應」。

　　起初，我們把某國排在六點鐘方向，但對方認
為這個位置離主席國中心太遠了，非常不高興。當
時我陪同中方亞信高官做對方高官工作，我們解釋
說六點是副主人的位置，非常重要。但對方卻不領
情，一門心思要求調換更好的位置。既然如此，我
們經過反覆思量和交涉，將其同另一個離主席國近
一點位置的友好國家對調了。被調換的國家也很高
興，因為他們覺得從一個不太顯眼的位置直接換到
副主人的座位，結果皆大歡喜。

車次安排分秒計

考慮到出席亞信峰會的國家和國際組織領導人較多，各代表團車隊到達會場的間隔時間定為四十秒。但是不同代表團的行駛路線和時間都不同，卻要保證他們最後抵達會場會合時的順序能遵循國際公認的外交禮儀，這是一項不折不扣的大工程。

負責貴賓保衛的上海交警總隊機動支隊的民警開車從各個酒店出發，實地測量了路程，路線精確到米，包括到酒店轉入的距離、轉彎的弧度，都需要特別測量。除了行車線路，時間也必須精確無誤。民警根據全程、半程、三分之一，算出達到各個節點的時間。實測的時候，每輛車上都放著一塊秒錶，每次起步、每次轉彎以及抵達會場後減速停

亞信峰會領導人合影
（供圖：中新社）

車，每個環節需要多少時間，全部精準到秒。而真正上崗時，副駕駛座上的民警同樣手拿秒錶，掐表計算，實時控制。這些都是和禮賓組的同事聊天時聽來的「小道消息」，卻令我感嘆不已。

就是這樣分秒精準的反覆演練，確保了峰會當日各代表團準點抵達會場，各國領導人依次走入世博中心主會場，同正在迎賓的習近平主席握手合影。

宣言達成創紀錄

政治方面的重頭戲就是峰會宣言。時任亞信成員國有二十四個，宣言須各國協商一致，有一個國家反對都不行。但成員國國情各不相同，宗教信仰眾多，政策立場迥異，亞洲歷史恩怨和熱點問題又比比皆是，有的國家間甚至兵戎相見。在此複雜背景下，想要推動各方就共同關切的重大問題達成一致，其難度之大可想而知。以往，矛盾集中在巴以衝突、印巴關係、阿富汗、核不擴散等問題上，本次還多出了烏克蘭、東北亞局勢等棘手難題，因而某方亞信高官戲稱，「我們這是小聯合國就當前世界局勢在開會」。時任亞信主席國工作組負責人無奈地表示，每次商討峰會宣言都會吵成一鍋粥，上次峰會結束前一小時才達成一致案文。他向中方建議，這麼多國家持有不同立場，不如準備一個主席國聲明，作為峰會宣言無法達成的後備方案。道路

是如此曲折，但我們的目標卻又相當明確，必須迎難而上，從多邊到雙邊，從會上到會下，一遍遍撮合各方意見，求同化異，始終秉承著大家齊聚在亞信的平台上，就是為了增進理解信任、共謀發展的理念。

上海峰會召開的前一天上午，宣言案文還差最後一條沒有商定，但仍有代表表示需要請示國內，而其外長還在來滬的專機上，於是只好休會等待結果，下午兩點半復會。大家都心事重重地離開會場，因為如果不能就此達成一致，很可能就要在這裡通宵唇槍舌劍了。預定的時間到了，會場上一片沉寂，各方高官都在焦急等待。雖然我是無神論者，但從上午休會時開始就一直默默念叨：「國內國外的各路神仙，拜託大家幫幫忙吧！」終於在最後一刻，等到了該國代表吐出「We agree」兩個詞。時任亞信主席國工作組負責人如釋重負地宣布：「各方對現有案文均不持異議。」會場剎那間

亞信峰會高官會議現場

沸騰了。據告，我們這次創下了亞信有史以來峰會宣言案文達成的最早紀錄。

二〇一四年五月二十一日，亞信第四次峰會在上海舉行。對於廣大上海市民來說，這意味著額外的一天假期，但對於我們籌備亞信峰會的小夥伴來說，那是二百多個忙忙碌碌的日日夜夜終於盼到曙光的一天。這一天，我們有幸集體圍觀習近平主席展示中國領導人的魅力：從早上九點開始迎賓，十點正式開會，接著主持工作午宴，然後又馬上返回會場，主持會議到下午五點準時宣布結束，期間沒有休息，卻一直神采奕奕，在各種場合應對自如。這點點滴滴讓我深感欽佩。與會的聯合國副秘書長吳紅波說，參加過那麼多次國際會議，幾乎沒有不「拖堂」的，亞信峰會發言人數這麼多，還能準時結束，真不容易，既體現了習主席主持會議的高超

藝術和對會議節奏恰到好處的把握，也同主辦方的周密策劃和精心組織分不開。

千里萬里夢相隨

五月二十日晚，中國以一場民族傳統元素與高科技深度融合的文藝晚會，歡迎前來參加亞信峰會的各國賓朋。縱然坐在劇院裡看演出，對於這些政要來說，也應當算作工作時間。而對我們而言，這場文藝晚會也可稱作進行主場外交的一部分。

晚會在舞蹈《絲路夢尋》中拉開帷幕，在中國交響樂《友誼之光》的伴奏下，亞信各成員國和觀察員國的錦繡風光依次出現在巨幅背景銀幕上。因為亞信成員國和觀察員國眾多，也存在某些領土爭端，這些圖片都經過我們精心挑選，確保既避免引起紛爭，又體現亞信特色。演出台兩側提供了中、英、俄三語字幕，方便各國代表理解劇情，當然，這也是我們和部裡高翻們字斟句酌的成果。現場演出高潮迭起，亞洲各國的多元文化、中國的豐富元素在上海的舞台上得以融會貫通，這也體現了亞信峰會追求的亞洲夢的和諧境界。

亞信峰會文藝晚會場景一

峰會從阿拉木圖到伊斯坦布爾再到上海，亞信歷經風雨一路走來，茁壯成長並日臻成熟，已經發展成為擁有二十六個成員國和十二個觀察員國的本地區規模最大的多邊安全論壇。哈薩克斯坦作為亞信創始國，發出促進亞洲安全合作的呼喚；中國用

實際行動與哈方攜手，為亞洲和平穩定貢獻中國智慧，為亞信進程積聚力量、凝聚共識。明者因時而變，知者隨事而制。中國在會議上提出倡導共同安全、綜合安全、合作安全和可持續安全的亞洲新安全觀，鼓勵亞洲各國在加強對話、增進了解、深化合作的基礎上實現共同發展，而安全必將隨之而來。

上海峰會提升了亞信的能見度和影響力，在其發展史上樹起了一座新的里程碑。參加此次峰會的代表團數目是亞信峰會歷史上最多，也是規格最高、特別是外國元首和政府首腦與會人數最多的。此次峰會也是一次和諧、體現正能量的會議，表達了各方對亞洲發展的積極訴求，提出了一系列建設性意見和建議，為建設和平、穩定與合作的亞洲作

亞信峰會文藝晚會場景二

出了應有的貢獻。

二○一五年五月，亞信非政府論壇首次年會在北京順利召開，旨在開拓亞洲各國民間對話渠道，為實現亞洲共同發展繁榮提供智慧源泉和民間支撐。與會各方尤其是非政府智庫就如何落實亞洲安全觀、建立什麼樣的地區安全與合作新架構等進行深入探討交流，為推進亞洲和平與發展出計獻力。

至今，峰會籌備期間二百多個日日夜夜，我們這些工作人員都以部為家、相互鼓勵的情景仍時不時浮現在我的腦海，各界對峰會的積極評價如同絲絲甘泉，融合過往的汗水一起湧入心田。作為外交戰線上的一名小兵，我很榮幸有機會參與亞信峰會的籌備，見證諸多歷史時刻，這一切都給了我在今後工作中為國家為人民創造更多價值和榮耀的信心和動力。

中國——我的愛

埃‧丘拉科娃

（哈薩克斯坦退休人員，1961 屆北大畢業生）

在莫斯科雅羅斯拉夫火車站的月台上，聚集著一群大學生。他們是即將啟程前往中國的第一批蘇聯留學生。車站上歡送的場面十分熱烈，記者的相機咔咔作響，前來送行的人們抓緊臨行前最後幾分鐘與我們依依惜別。

從莫斯科到北京的火車加速前行，我們彼此也更加熟悉起來。大學生們來自各個高校，他們中，有未來的歷史學家、哲學家、醫生、地理學家、農學家和地質學家。我們面臨著很多困難。為了在中國相關的高校聽懂專業課程，我們必須要學習漢語。

車窗外閃過最後一塊祖國的土地，掠過了最後一名邊防軍人的身影。一分鐘後，我們眼前出現了幅員遼闊的中華人民共和國，正是永恆的、牢不可破的友誼把我們與這個最大的鄰國緊密相連。

一九五八年二月十五日，列車駛進了北京火車站。北京大學的師生、中國教育部和蘇聯駐華使館的代表在月台上迎接我們。我們一下子就找到了那麼多朋友，他們體貼、周到、熱心，熱愛蘇聯人。

去北京大學的路幾乎穿城而過，透過車窗我們初次見到北京。北京是一座古老的城市，獨特的建築衝擊著我們的視線。城裡有很多宮殿、寺廟和公園。路過天安門廣場時，這裡正在舉行節日遊行和群眾遊園會。這裡矗立著著名的天安門城樓。

初入北大校園

　　黃昏時分，我們抵達校園，住在留學生樓，每個房間二個人。一切都精心安排，中國同學想到了各個方面，這裡舒適、簡樸、方便。特別讓人高興的是，學校周圍綠色蔥蘢，有很多樹、灌木叢、漂亮的亭子和一片湖水。

　　北京大學坐落在城郊，實際上這就是一座小城，裡面有許多兩三層高的小樓。樓裡是各個系的教室、實驗室、閱覽室和學生宿舍。所有的學生和

北京大學西門

教師都住在這裡：本科生四人一個房間，研究生二人一個房間。學校有八千名在讀學生。

北京大學創建於一八九八年，當時開設了十四個系，培養三十七個領域的學生。一九五〇年，學校為外國留學生專門成立了漢語系，有三百多名外國學生在此留學。他們分別來自捷克、羅馬尼亞、保加利亞、波蘭、民主德國、匈牙利、意大利、阿爾巴尼亞、印度尼西亞、印度、朝鮮和蒙古等二十個國家。就在這一年的春天，學校又迎來了埃及和敘利亞的學生。

大學生活要嚴格遵守校規。所有的學生早上六點起床，早操後吃早餐，七點十五分開始上課；從十一點到下午二點之間是午間休息，先吃午飯，然後有一個小時的午睡；下午五點前上課，五點到六點為體育活動，這裡的人都鍛鍊身體。這段時間，小城裡特別的熱鬧活躍。中國學生非常喜歡運動，尤其喜愛打籃球，這是中國最普及的體育項目。最初，當我們看到上了年紀的老師和教授們與大學生一起做早操時，還真有些不習慣和奇怪的感覺；在體育活動時間，我們還看到他們在操場上打羽毛球和乒乓球。很快，我們就對此習以為常了。

幾乎所有系的課程都按照蘇聯高校的教學大綱進行，但這並不意味著中國大學機械照搬現成的蘇聯高校模式。他們根據自己國家的特點和需要，善於借鑑蘇聯朋友的經驗，仔細並睿智地制定出自己的大綱。

剛開始的時候，我們感覺似乎所有的人都彼此相像。最可能的原因是，這裡的人們穿衣習慣幾乎一模一樣。他們都穿普通布料做成的藍褲子、差不多一樣的短上衣，腳上是布鞋或者膠底運動鞋。夏天穿短褲，襯衣露在外面。不論男女，不管是學生、老師、教授，還是工人、工程師，所有的人都這樣著裝。特別簡樸的服飾，不僅僅因為中國人民當時正經歷著物資匱乏時期，還與他們本身非常樸素有關。

　　中國的大學生在學習上非常勤奮刻苦。他們唯一關心的事情和想法，就是如何學到更多的知識，

丘拉科娃在北大校園。

怎樣儘可能成為對祖國和人民有用的人，為建設社會主義的偉大事業貢獻自己的力量——這是他們的口號。不論去哪裡，在任何事情上，在任何崗位上，我們都能感受到人們表現出的不同尋常的激情和用之不竭的精力。不論是工程師還是工人，都在為自己的事業奉獻他的身心和全部智慧，都那麼珍愛機械設備。舉一個例子就能說明很多問題，在無軌電車的車站，每個班次結束後，司機都努力地把車擦得鋥亮。

高度的組織性不僅體現在勞動中，也表現在其他方面。在公共場所，見不到丟棄的廢紙和煙頭。以前我就聽說過中國人誠實、相互尊重、彬彬有禮，在現實中，這些都得到了印證。任何被遺失的物品都始終留在原地，等待粗心的主人前來認領。有一次，人行道上放著被人整理好的一卷錢——幾張紙幣，大概有十到十五盧布的樣子，上面還壓著一塊小石頭，防止被風吹走。在學校的失物招領處，保存有大量遺失的物品，包括鋼筆、鑰匙、書和筆記本等。所到之處，我從未見過喝得醉醺醺的人，不論是成年人還是年輕人，也沒有見過什麼流氓行為。

許多大學生在熱烈討論國家的發展道路和教育問題，以及如何在這個領域做到自負盈虧。大學生和教師們希望通過在工業和農業企業的勞動，來補償國家為支持教學所給予的撥款。大學生們為自己規定了一個任務，要求在學習期間不僅掌握豐富的

專業知識，還要在畢業時熟練掌握一門外語，達到用外語自由交流，並且不用字典就能翻譯外國文學作品的水平。

關於中蘇大學生之間的友誼，可以講出很多有意思的故事。從抵達那天起，我們就置身於一個溫暖真摯的氣氛中。中國朋友經常邀請我們去劇院，參加旅遊，讓我們感受古老的中國文化和藝術。我們還一起看蘇聯電影，欣賞蘇聯演員舉辦的音樂會。我們歡樂共享，一起為新中國建設取得的成就而高興，一起為蘇聯輝煌的科技成果而欣喜不已。在蘇聯發射第一顆人造衛星和有了第一位宇航員後，我們收到了來自中國各地的無數賀信和賀電。那些日子是我們共同的節日。

慶祝五四青年節

那一天，裝飾了無數綵燈的中山公園閃閃發光。公共汽車、有軌電車、無軌電車上載滿了歡歌笑語。北京的年輕人——我們的中國朋友來到這裡，用雷鳴般的掌聲和歡快的祝詞迎接我們這些蘇聯留學生的到來。很多人張開雙臂，用激動的聲音對我們說：「你好，同學！」

這些話不僅讓人感到溫暖、真誠，更激動人心。在公園的林蔭小道上，在舞池、舞台，在公園的各個角落響起了音樂，迴蕩著愉快的笑聲。在音樂會上，在開心的娛樂活動中，一會兒在這兒，一

會兒在那兒，不時傳來熱情奔放的歌聲。我們走得很快，到處都想看看。眼前出現了一個大舞台，姑娘和小夥子穿著五顏六色的民族服裝在翩翩起舞，他們跳的是中國各個民族的舞蹈、其他人民民主國家的舞蹈以及俄羅斯民間舞。

我們繼續沿著林蔭道往前走，路兩旁種著很多已生長多年的樹木，上面裝飾著綵帶、花朵和綵燈。在一些漂亮的小房子旁邊，小夥子和姑娘們津津有味地吃著水果、冰激凌和各種糖果。

扮作民間童話和寓言中人物的真人秀，以及繪畫和有趣的插圖吸引了我們的注意，這些都提醒著我們自己身上的不足。不遠處不時傳來友好的笑聲，這是正在上演的皮影戲，通過野獸和鳥的形象，譏諷人類的各種惡習：貪婪、懶惰、傲慢、自高自大。特別讓我吃驚的是，那些遊藝娛樂設施種類繁多、設計巧妙，充滿了奇思妙想。

過節期間，正趕上克·葉·伏羅希洛夫（蘇聯最高蘇維埃主席團主席）訪華。伏羅希洛夫和毛澤東來到中山公園，參加了遊藝活動，並和年輕人一起輕歌曼舞。離開公園時，我們每個人的心上，都銘刻著與伏羅希洛夫和毛澤東一起慶祝節日的難忘記憶。

這個節日讓我們看到，中國的年輕一代正充滿激情奔向未來。他們刻苦耐勞，面對學習、工作中的困難無所畏懼。與此同時，他們在休閒的時候也會縱情娛樂，開懷大笑。

很多年過去了，回憶再次把我帶回了幸福的大學時光。於是，出現了一個神奇的故事，不是做夢，而是真切的現實。一九九八年，我有幸參加了一個盛大的節日——北京大學建校一百週年慶典。這是一次夢想之旅。

節日的校園就像一個被打開的珍貴寶盒：裝裱一新的題字，古老建築的鏤空雕花，無數個鮮花盛開的花壇，碧綠的草坪……優雅莊重的寶塔，像一顆裹著綵燈的寶石閃耀著光芒，它是北大的象徵。我們親暱地稱自己的學校為「北大」，三十七年前我也曾在這裡學習，拿到了紅色的畢業證書。當年，在北大求學的有三名來自哈薩克國立基洛夫大學的學生，我是其中之一。

重返北京大學

我重返北大了！明媚的陽光，湛藍的天空，雪一樣的白雲倒映在平靜的湖面上。湖中的小島、亭子、洞穴、小橋、迴廊，還有銅像和石雕，校園中的這些古蹟，曾是豪華的皇家園林的一部分，所有建築都帶有古典中式風格。目前，校園三分之二的區域是新建的現代建築，包括各個系的辦公樓、教室、演講廳、實驗室和圖書館等。幾台塔式起重機顯露在新建樓群之間。

北京大學作為中國最高學府，在世紀之交開始了自己歷史上第二個百年曆程。一九四九年中華人

民共和國成立以來，有數萬名北大畢業生在國民經
濟的各個領域工作，他們中間有著名學者、企業
家、國家部委管理部門的專家。我以前就讀的地質
地理系，現在更名為城市與環境學系；還有電子學
系、計算機科學技術系、信息管理系、政治學與行
政管理系、社會學系等。隨著時間的推移，出現了
很多新的專業：微觀經濟學、真空物理學、原子核
物理學等。新的學科產生於現實生活和改革的需
要。在改革年代，北大的科研工作被授予很多國家
獎項，還獲得過聯合國教科文組織的嘉獎。

北大與很多國外的高等學府開展交流和合作。
目前，圖書館藏書五百多萬冊，新的圖書館大樓占
地五點二萬平方米，是亞洲最大的高校圖書館。學
校裡設立了計算機中心、電教和分析研究中心、大
型綜合實驗室。此外，還有地質、考古、文學和藝
術博物館。整個校園占地二百三十二公頃，這麼大
的面積，簡直令人難以想像。

北大未名湖

北大的成功，除了國家財政上的保障外，還有
多年來附屬生產企業的辛勤工作作支撐，其中包括
方正集團公司。方正不僅推廣使用自己的發明和最
新技術，它還是一個國際企業，是中國五百個最大
的實驗性公司之一，在日本、馬來西亞、新加坡、
加拿大和美國都有自己的分支機構，也是中國大學
自辦的最大企業。在「產學互動」的口號下，方正
集團通過推廣自己的科研成果，每年收入達六千萬
元。

北大一百年了！全國最優秀的畫家、建築師、藝術工作者都忙碌著籌備慶典。節慶活動期間有很多安排，包括科研競賽、招待會、慶祝大會、各種見面會、演出、遊覽、展覽、宴會等。五萬餘名國內外嘉賓參加了此次活動。他們來自各個年齡層次，有大學生、教師、學校工作人員、北大仰慕者、畢業生、國外貴賓以及國內其他高校的代表。

我們班二十四個同學中來了十八位，他們來自全國各地。很多人像我一樣已經退休，有幾個至今還在高校、科學院、科研院所和出版社工作。從大學畢業算起，我們大部分人已經闊別了三十七年。

忙碌的工作、家庭、距離遙遠以及各種社會「運動」等，把我們所有的人分開了那麼長時間。幾天的同學聚會，把我們帶回了大學生活的沸騰年代。彼此的回憶，使我們心中充滿了青春、幸福和快樂的感覺。相互展示新老照片，談起經歷過的年代、工作及子孫，就好像我們從未分開過一樣。一切都那麼明白、親切和珍貴。令人驚奇的是，宴會上所有人都滴酒未沾。餐桌上擺著果汁、礦泉水和豐盛的中式美味佳餚。以往，飯桌上一定要有大米飯，再配上一些綠色蔬菜。而現在，米飯不見了，桌子上擺滿了各種鮮美的肉菜。除了通常的魚，還有豬肉，最受歡迎的是羊肉和牛肉。宴會上喜歡唱的歌曲依然是《莫斯科郊外的晚上》和《祖國進行曲》。

　　中國發生了翻天覆地的變化。人們面帶微笑，自由自在，飲食無憂，衣著體面，住房舒適，中國人在很多方面變得讓我認不出來了。這種變化令人高興。這裡與以前一樣保持著清潔和秩序，社會各階層都表現出高度的責任感，在各個工作崗位上都體現出紀律性和自我奉獻精神。這一切是多麼熟悉啊！精心安排和考慮周全的制度──這就是當今的中國社會。

　　小個子、充滿智慧的偉人鄧小平，開創了一個偉大的現代國家。通過他的努力糾正了政治路線錯誤，實行對外開放，讓人們富了起來。他留下遺囑，要求把骨灰撒進大海。然而，鄧小平卻長久地活在很多代中國人的心中。

我為中國人的成就感到高興，並讚賞不已。多麼幸福的人民！我向莊嚴的寶塔投去告別的一瞥，這個寶塔讓全世界的人知道了北大，我的心為它而停止跳動……

與中國意外重逢

提起中國，我總是充滿了愉悅和欣喜的感覺。我為中國經濟和社會生活領域取得的巨大成就感到高興，這些成就讓全世界驚訝不已。在我的生活中，能在阿拉木圖再次與中國，與一個多年前我曾到過的城市不期而遇，簡直令人難以置信！

二○○四年，當電視廣告吸引我來到阿傑姆貿易中心的大廳裡，置身於瓷器王國之中的我才得知，中國東南部著名的城市景德鎮，正在這裡舉辦展銷會。這是一次了不起的舉動：輾轉幾千公里，把如此之多的易碎展品運到了哈薩克斯坦。

瓷器是中國人的古老發明，享譽世界，其影響力和需求與日俱增。我的記憶回到了四十四年前那次難忘的古老瓷都之行。二千年前，中國瓷器藝術就在這裡誕生。參觀工廠車間和博物館，遊覽城市後，我形成了這樣的印象：這裡每一個院子、每一戶人家、每一位居民都做著神奇的工作，創造著養眼養心、異常優美的器皿，它們用藝術的精美和凝練，撫摸著你的眼神，震撼著你的感覺、想像力和思維。色調的和諧、雅緻和瓷器上彩繪線條的造

景德鎮瓷器博物館
（供圖：FOTOE）

型，令人陶醉、讚歎。古人曾說，瓷器要「白如玉、明如鏡、薄如紙、聲如磬」。

在品種繁多、各式各樣的瓷器中，除了茶具還有餐具，包括高腳盤、瓷碟、瓷碗，以及酒罈和雕像等。自古以來，瓷器與絲綢一樣，是中國重要的出口產品。世界上很多博物館的展品中都有中國瓷器。考古發掘發現，七八千年前古城的遺跡中，就保存著陶製器皿以及做成人和動物形狀的陶塑。

隨著技術的完善，出現了很多瓷器生產作坊。傳統彩繪的特點，是描繪山水風景、花、鳥、魚、竹子和風俗人情的場面等。

在景德鎮的瓷器博物館裡我了解到，從十七世紀中葉到十八世紀末，皇家直接為景德鎮的瓷器生

產提供支持。御用畫家們奉命向工匠們提供裝飾瓷器的繪畫和圖案，於是出現了根據歷史小說、戲劇和傳說故事情節創作的繪畫珍品。此時，以書法題詩裝飾瓷器開始流行，傳統的藍白相間、有著透明繪畫的彩釉瓷器開始出現，其中有茶具、餐具、花瓶、瓷碗和瓷雕。在景德鎮瓷都博物館獨一無二的展品中，有一個茶碗最令人為之傾倒，在其底部竟然能夠透視出一個曼妙女子的倩影。

我的思緒重新回到了阿拉木圖。在我的面前是一個瓷器王國，勾起了我對瓷都神奇之旅以及製作瓷器的「魔術師」工匠們的回憶。

目前，中國的陶瓷製品出口至世界上一百多個國家。除了景德鎮，還有很多以陶瓷工藝聞名的城市，如唐山、淄博、醴陵、宜興等。

中國有一千多家製瓷企業，每年生產幾千萬日常陶瓷製品以及為貴賓準備的獨具匠心的禮品瓷。中國瓷器以雅緻著稱，帶給我們高層次的美的享受。

中國藝術大師和各個歷史時期工匠們製作的瓷器作品，作為一種最珍貴的古董，被世界各地的博物館、眾多的藏家和著名的宮殿收藏。

中國——我的愛

在中國學習的那幾年，我們度過了美好的青春年華。我們是少有的幸運兒，能夠來到這個神奇的

有著古老文明的國家。我們充滿了激情和決心，克服了學習漢語的重重困難，並掌握了必要的專業知識。中國的留學經歷，在我的生活中留下了不可磨滅的印跡。在我的心裡，永遠存有一份對中國的愛。這個國家鮮活地證明了其自身的堅強，展示了作為強大精神力量的古老生存哲學的睿智。在中國，人們對生活豁達樂觀，正在用辛勤的勞動創造美好的未來。對每個人來說，社會利益都是第一位的。精心安排和考慮周全的制度——這就是當代中國社會。這個偉大的現代國家，正走在二十一世紀為人們創造幸福和平生活的路上。

我喜愛這個國家，喜愛我們的古老鄰邦，讚賞這個強大的現代國家在發展經濟文化和改善人們生活方面取得的巨大成就，並為此感到驕傲。我喜愛這個文明古國在社會生活各個方面表現出來的智慧，他們為世界帶來了很多新發明。目前，這個國家在組織安置人們的生活、保障他們安寧和幸福等領域取得的成就，讓全世界感到驚訝。我經常思念我的中國朋友和同學，祝福他們富裕開心！

那些人，那些事

文光美

（中國人民對外友好協會歐亞部）

　　二〇〇八年，當全世界的目光都聚焦在中國的首都北京，當所有的國人都沉浸在「奧林匹克」的振奮與喜悅之時，我意外地收到了一份沉甸甸的入職通知。就在八月北京奧林匹克運動會完美收官之時，我光榮地成為中國人民對外友好協會的一名民間外交工作者。

　　雖然學習俄語十年有餘，但我對中亞卻是毫無所知。隨著工作的深入，「中亞」這個陌生的字眼與那些名字中帶有「斯坦」的國家，悄無聲息地慢慢走入我的視野，走進我的生活。我們處的職責是與歐亞十二國開展民間友好交流與地方合作。那會兒，中國中亞友好協會剛剛成立，我被安排從事對中亞五國的工作。

　　從零開始，總會有些力不從心和忐忑緊張。我開始有意去了解中亞五國的情況，虛心向老同志學習業務辦案和調研寫作，主動地與每一位與中亞有交集的中外友人打交道、交朋友，共合作、同擔當。時光荏苒，六年過去了，我不僅在工作中開始變得遊刃有餘，被處裡的小夥伴們「尊」稱為「中

亞女王」，而且對中亞也有了一份特殊而深厚的感情，特別是有些人、有些事，在記憶中總閃爍著讓我一生都難以忘懷的感動與感悟。

第一次「接客」

友協的工作以「為國交友」為目標，「迎來送往」是我們工作中很重要的一部分。因為外賓接待往往從機場開始，所以奔赴機場時我們都開玩笑地說是去「接客」。我入職後的第一批客人就是哈薩克斯坦支持民間外交基金會主席阿布哈伊洛夫一行五人。那是在二〇〇八年十月，我到友協的第三個月，還處在一種懵懵懂懂的狀態。

哈支持民間外交基金會是一個非政府、非營利性的社會團體。我會經時任哈議會上院議長托卡耶夫推薦與該基金會建立聯繫，並邀請其主席率團訪

文光美與阿布哈伊洛夫在上海。

華。值得一提的是，自從蘇聯解體後，包括哈薩克斯坦在內的很多新獨立的原蘇聯國家都解散或削弱了對外友協這個組織，這使我會在這些國家失去了原有的「強大」的對口合作夥伴。我們只能在不斷加強與現存的幾個國家的「純民間」友好組織合作的基礎上，另闢新徑，挖掘新的合作夥伴。哈支持民間外交基金會便是我們在哈薩克斯坦「踏破鐵鞋」後尋覓到的尚可交往的民間友好組織。領導非常重視這個代表團，安排我和一位老領導全程陪同代表團活動。

話說我們的「接客」工作還真不是一件輕鬆的事。代表團到訪前我們就要安排好他們在華的食宿行和所有日程，參觀遊覽時要做好旅遊嚮導和俄語講解，會見宴請時得穩坐翻譯席，購物時還要非常巧妙地幫外賓討價還價……於我這個新人而言，這完全是一種全新的挑戰，當時感覺「壓力山大」。好在主席先生是一位非常實在、憨厚又爽快的人，待人也很親切。他長得微胖，走起路來有些搖擺。他的啤酒肚很大，我開玩笑地問他：「裡面都裝的什麼寶貝啊？」他就笑呵呵地說：「我是帶了很多合作項目來的，這裡面都是好東西……」

代表團成員都是第一次來中國，又是新的合作夥伴，剛開始多多少少有點拘束。給我印象較深的是我會時任會長陳昊蘇宴請的那晚。大家圍坐在王府井全聚德烤鴨店的宴請廳裡，主席先生正襟危坐，略顯緊張，不太多語。昊蘇會長見此，開始親

切地向他介紹北京烤鴨的由來和做法、全聚德烤鴨店的歷史和故事，並親自演示如何吃北京烤鴨，還請服務員協助每位外賓捲好烤鴨，使現場氣氛變得融洽和輕鬆起來。漸漸地，主席先生顯得放鬆了許多，他擦了擦額頭上的汗，微笑著品嚐美味的烤鴨，然後用帶有豪放的哈薩克口音的俄語開始滔滔不絕地介紹他的合作願望和建議。我很窘迫而緊張地坐在昊蘇會長旁邊的翻譯席上，聽著他越來越快且不停頓的「外語」，越發感覺自己已經騰雲駕霧，像孫猴子一樣飛到了十萬八千里外。是的，我已經完全聽不懂主席先生在說什麼了，第一次正式翻譯的經歷讓我感到異常尷尬。後來幫我救場的領導安慰我說：「沒關係，第一次翻成這樣已經很不錯了，而且也不能怪你聽不懂，他的俄語裡攙著不少哈語呢！」

　　宴請過後，主席先生很不好意思地請我幫他點一些吃的，因為他說烤鴨沒吃飽。我把他帶到附近的一家蘭州牛肉麵館，點了一大碗牛肉麵，他像一個飢腸轆轆的小男孩兒，津津有味、暢快淋漓地吃起來，吃完後滿臉的幸福與滿足。自此，我們的關係也變得親近了很多。

　　隨後，我們陪同代表團還訪問了上海，一起度過了七天緊張而充實的美好時光。臨別時，我依依不捨地與他們告別。主席先生緊緊地擁抱了我一下說：「娜塔莎（我的俄文名字），別難過，相信我們很快就會見面的！」

「哈薩克，我來了！」

　　二〇一〇年六月，一架烏茲別克斯坦航空公司的飛機緩緩降落在阿斯塔納國際機場的跑道上。在結束了對土庫曼斯坦和烏茲別克斯坦的訪問後，由時任全國友協副會長、中國中亞友好協會副會長李建平率領的全國友協代表團應哈支持民間外交基金會邀請對哈薩克斯坦進行友好訪問。時隔一年多，能在哈薩克斯坦的土地上與老朋友們再相逢，我的心情自是說不出的激動。曾隨阿布哈伊洛夫主席訪華的基金會秘書長祖赫拉女士拄著枴杖，與年輕的女助手阿廖娜一起已在機場等候多時，她們熱情地上前與我們擁抱，歡迎我們的到來。

　　驅車駛向飯店的路上，我細細觀察著眼前的這座新都，感受著它帶給我的朝氣蓬勃的生命氣息。一九九七年，納扎爾巴耶夫總統下令將首都由阿拉木圖遷往中北部的阿克莫拉，並將其更名為阿斯塔納（「首都」之意）。在隨後的十三年間，這座城市進行了大規模的改建和擴建工程，由一個只有二十萬人口的荒涼小鎮崛起為一座現代化都市。市內遍布著花壇、草坪、微型公園和城市廣場；貫穿城市的伊希姆河給整座城市帶來了一股靈氣，彰顯著它的包容與開放。兩岸的大理石街道寬闊而筆直。我們漫步其中，彷彿置身於俄羅斯聖彼得堡的涅瓦大街；我們乘船沿河遊覽時，看到很多市民在河邊休閒，有的帶著孩子嬉戲玩耍，有的相擁著坐在長

椅上促膝交談，還有三三兩兩的年輕人彈著吉他唱著歡快的歌兒。他們的衣著和打扮隨性而時髦，時不時向我們送來善意友好的微笑，我們也微笑著揮手回應。他們是如此自在快活，盡享美好的青春與人生，難怪有人說阿斯塔納是中亞最現代化、最發達且人民生活幸福指數最高的城市。

　　阿斯塔納的很多建築都金碧輝煌，各有特色。總統府天藍色的圓頂與藍天白雲相映生輝，映襯在潔白的大理石主樓上，更顯其威嚴氣派。可汗沙特爾這個世界上最大的帳篷貫穿阿斯塔納城市中軸線的人行道終點，另一端則是被稱為「和平與復和之殿」的金字塔狀文化研究中心。位於城市中心黃金地段的巴伊捷列克塔緊鄰即將建成的中亞第一高樓阿布扎比大廈，成為阿斯塔納的標誌性建築。阿斯塔納街道寬闊，街上行駛著各式世界名車、豪車。一次，我們在斑馬線一端等待綠燈亮起，眼前的車輛疾速穿梭著，就在黃燈轉向綠燈的一刹那，從遠處疾馳而來的一輛寶馬跑車戛然停在白色線上，裡面一個帥氣十足的小夥子探頭出來，微笑著向我們招手示意我們過去。在人與自然的和諧、車與人的謙讓、男人對女人的尊重以及積極追求幸福生活方面，這個國家的人民做得真的很好！

　　如果說阿斯塔納給我的第一印象是「新」，那麼阿拉木圖則是兼具現代化氣息與深厚歷史文化底蘊的歐洲化中亞大都市。這裡歷史悠久，風景秀美，文化商業設施齊全，且被稱為全球綠化最好的

代表團參觀阿里——法拉比哈薩克民族大學。

城市之一。第一次來到阿拉木圖，我就深深地愛上了這座城市。該市的教育堪稱一流。我們先後參觀了阿里——法拉比哈薩克民族大學、哈國立醫科大學、哈國立農業大學和哈國家關係與外國語大學，與各校領導分別進行了對口會談，探討了開展校際合作的可能性。我們發現，哈各高校對與中國開展合作興趣濃厚，且具備成熟的合作條件，不僅硬件設施過硬，軟實力也很強大。哈民族大學正計劃籌建漢學研究所，會見時廳裡坐了滿滿一屋子人。校長說他特意召集了學校所有的老師來參加會見，就是希望聽一聽中方專家對未來合作的建議和意見。

而哈國立醫科大學則對引進中醫、培養本國中醫人才尤為重視。還記得會見後，該校領導專門委派國際交流部負責人跟隨我們來到餐廳，與我們共進午餐，就是為了繼續探討合做事宜，其「窮追不捨」的態度再次印證了哈方對與我開展交流與合作的熱情與積極性。幾場學校的參觀和會見下來，我不僅感覺眼界大開，也很受觸動。我很高興友協為雙方的高校提供了這樣一個相互認識和了解並通往未來合作的平台，也深深感覺到自己所從事工作的重要意義和沉甸甸的使命感。

阿里——法拉比哈薩克民族大學孔子學院的老師告訴我，目前包括哈薩克斯坦在內的中亞國家正掀起「中國熱」，普通民眾渴望了解中國，很多家

長都希望自己的孩子學漢語，學生們學習漢語的熱情也很高。哈方和國內雖對孔子學院的發展非常重視，硬件設施逐步完善，但孩子們「學以致用」的實踐機會和有效交流的平台非常有限。聽到此，我先是非常振奮，「中國熱」不正說明騰飛的中國越來越受到世人的關注嗎？同時我也覺得有點遺憾，或許，作為中國成立最早、最有影響力的對外友協，可以在兩國的青少年交流上有所作為。

臨回國前的那晚，阿布哈伊洛夫主席在麥迪奧山腳下一個非常幽靜且獨具特色的郊外餐廳宴請了我們。身為好客慷慨的主人，主席先生見到我們顯得非常激動，不住地和我們回憶首次訪華時的情景。幾天下來很有收穫的我們亦是難掩感激之情。相對於友協這個半官方、半民間的社會組織而言，哈支持民間外交基金會只是一個成立不過幾年、無政府資金支持、純民間的社會團體，但接待過程中他們表現出的周到細緻和敬業精神卻讓我很是震撼。他們竭盡所能地動用自己的社會資源為我們安排會見和參觀，自籌資金為我們安排兩地的部分食宿行，而祖赫拉女士雖行動不便，卻始終面帶微笑陪同我們全程，盡心盡力。我想，他們的工作能做到這樣，也算自我能力範圍內的一種「極致」了。微有醉意且略帶興奮的我在那樣一個美妙的夜晚，不禁對所處的這個國家以及生活在這裡的人民肅然起敬！

代表團參觀阿里 —— 法拉比哈薩克民族大學孔子學院。

莊嚴的一票

二〇一一年四月，哈薩克斯坦總統選舉提前舉行。這件事本身可能有點意外。但讓我更為意外的是，當時在外交部學習的我非常榮幸地被指派參加上海合作組織國際觀選團赴阿拉木圖觀摩總統選舉。這是我平生第一次觀摩一個國家的總統選舉，對於生在邊遠城市的「俄語人」來說，這無異於中了頭彩。

觀選團團長是時任上海合作組織副秘書長宏九印，隨行的還有其漢語超棒的俄羅斯籍助手謝爾蓋，一位風趣幽默、知識淵博的老大使和樣樣精通的外交部同事。一路上，我們談笑風生，他們給我講了很多與哈薩克斯坦有關的有趣的人和事，並介紹了觀選的內容和注意事項。我心裡很是好奇地想像著觀選會是一種怎樣的情形：或許會有機會親眼目睹一下納扎爾巴耶夫總統本人？老百姓都會去投票嗎？誰會成為最後的贏家？這滿腦子的問題讓我變得越發興奮和激動。初到阿拉木圖的那一夜，我失眠了，雖然時差只有兩個小時。

第二天，我們分別拜會了哈中央選舉委員會和參選各黨派的領導，聽取了他們對選舉籌備工作、競選理念和綱領的介紹，這讓我對即將開始的選舉多多少少有了了解。選舉當天，我們起了個大早，只見外面淅淅瀝瀝的小雨夾雜著不大的雪花，將這座中亞著名的「蘋果之城」洗刷得乾乾淨淨，更凸

顯了它的莊嚴與肅穆。只是，這樣的天氣多多少少讓我替今天的選舉捏了一把汗：選民們會不會因此而放棄去投票呢？事實告訴我，我的擔心是多餘的。我們撐著傘走訪了幾個選區的投票站。我們看到，每個投票站的選民都絡繹不絕、組織有序地排著隊參加投票。大學裡的大學生多被組織起來以班級為單位投票，居民區的選民則是自願自發地前來投票，而對於那些行動不便、身患重病的選民則採取送選票上門的方式。後來根據哈中央選舉委員會統計，此次選舉的投票率達 89.9%，這足以說明哈薩克斯坦人民心繫國家發展、積極參與國家大事的較高政治熱情。在通往民主法治、繁榮發展的道路上，我想，哈薩克斯坦人民可以說是幸福和幸運的。

我們聽取了每個投票站負責人的介紹，現場觀察了選票和票箱的準備、選民身分的驗證、選票的領取和投票的全過程。每個投票現場都安靜有序，選民默默地走進來，在指定區域找到自己的名字，驗證個人信息，然後了解候選人情況，最後將自己神聖的一票投入箱中。投票現場也處處洋溢著溫暖的正能量。如在投票站設置母嬰休息室和醫務室；不論大小投票站，都設有為殘疾人準備的封閉投票間……而且很多地方都「就地取材」，利用學校和企業作為投票站，充分節省資源和人力，這其中體現的人文關懷和細節至今令我印象深刻。

還記得選舉那天午後，外面的雨夾雪慢慢變成

了紛飛的大雪，天色漸漸暗下來，選民開始減少，我們蜷著身子在一個居民點繼續觀察選舉。這時從外面走進來一位老奶奶，應該八十歲有餘，她拍了拍身上的雪花，拄著枴杖在家人的攙扶下徑直走到投票點，領取並填寫選票，然後很嚴肅認真地將自己的一票投進投票箱。我很是動容地上前扶住她，自我介紹一番後，不知哪兒來的勇氣，我竟脫口問道：您能告訴我投的是誰嗎？（其實作為一名國際觀察員，在投票站並不適合問這樣的問題，因為確實之前問的一些人都不願直接回答）我的內心有點忐忑，怕再次遭到拒絕。可眼前這位老人卻毫不猶豫且語氣鏗鏘地回答道：「他，只能是他，必須是他。」我知道，她口中的這個「他」，就是備受哈薩克斯坦人民尊敬和愛戴、帶領哈薩克斯坦人民走向光明幸福道路的領袖納扎爾巴耶夫。那一年，納扎爾巴耶夫總統再次高票當選哈薩克斯坦總統。

這次觀選讓我對納扎爾巴耶夫總統的佩服和敬仰之情油然而生。我開始更多地關注這位領袖和他領導的國家。二〇一三年十月，我會與哈薩克斯坦駐華使館在京成功舉辦《領袖——哈薩克斯坦總統努·納扎爾巴耶夫紀實》中譯本首發式。這本書讓我更近距離、全方位地了解了這位偉人的傳奇一生，感受到了他充滿智慧的人格魅力。是啊，有這樣的領袖和這樣的人民，這個國家怎麼會不更加欣欣向榮、繁榮昌盛呢？！

李小林與納扎爾巴耶娃出席雙方合作協議簽字儀式。

「大公主」駕到

二〇一四年十月，應我會李小林會長邀請，哈薩克斯坦議會下院副議長兼首任總統基金會主席納扎爾巴耶娃來華訪問。沒錯，她就是納扎爾巴耶夫總統的長女、哈著名的政治家和歌劇演唱家，我們私下稱呼的「大公主」。據說，她是納扎爾巴耶夫最得意的孩子之一，在陪同總統出訪時，經常擔當「第一夫人」的角色。怎麼樣，憑這些介紹是不是足以看出這位「大公主」的氣場？

「大公主」從機場抵達貴賓樓飯店的那晚，我負責在一層大廳迎候。當長長的車隊在開道警車的引領下駛抵飯店門口時，我快步迎了出去。只見主車上走下一位瘦高的女人，或許是藝術家的緣故，

也或許因為生於領袖之家，她的身上散發著一種與
眾不同的氣質，昏暗的夜色依舊掩蓋不住她優雅端
莊、得體大方的美麗面孔。但人們可能並不知道，
她已經是三個孩子的奶奶了。

文光美為納扎爾巴耶
娃一行講解。

　　第二天全天都是會見活動，首場安排在友協會
見李小林會長。作為開場，我負責用俄語講解近年
來我會對哈開展的重要工作。雖有些緊張，但我還
是順利地完成了講解任務。當大家用掌聲給予我鼓
勵與肯定時，我看到「大公主」的臉上露出了會心
而滿意的微笑，這讓我的心裡很是溫暖。她們的首
次見面讓人很有一種「相見恨晚」的感覺，會見異
常成功，氣氛友好而熱烈。關於合作、關於未來，
她們都有著共同的期待和目標。在她們的見證下，
簽署了《中國人民對外友好協會與哈薩克斯坦首任

總統基金會合作協議》。自此，中哈民間交往與人文合作又邁出了堅實而重要的一步。

接下來的幾場有點像趕場卻不是走過場的會見雖時間短暫，卻取得了不凡的效果。通過近距離的觀察，我發現「大公主」其實很平易近人，才氣過人。她思維敏捷活躍，態度謙和友好，總能抓住問題之關鍵所在。她尤其關注中國在醫療、衛生、社保和教育等領域的改革進展，希望從中獲取有益經驗為其國內改革提供借鑑。看得出，她是一個務實、希望有所作為且低調不張揚的人，這雖與我之前對她的認識有所反差，但印象是極好的。

在會見完張德江委員長後，我們陪同「大公主」一行參觀人民大會堂。在金色大廳，我們曾舉辦過中國與中亞五國建交二十週年大型招待會的地方，我們都很想和「公主」單獨照一張相。於是，我們怯怯地上去試探她的口氣，沒想到她非常爽快

那張曝了光的珍貴合影

地答應了，而且面帶微笑、不厭其煩地與我們陪同人員一個一個地合影留念。只是非常不幸的是，我和「大公主」的合影曝光過度，照得很不理想。當她知道了以後，親切地安慰我說：沒關係，回去用相片處理軟件調一下光就可以啦！

看著她，我想起參觀北京一〇一中學時她對孩子們的和藹可親，想起看到北京兒童醫院裡身患重病的孩子時她的不安與擔心，想起她與隨行來訪的同事們姐妹般的深情厚誼，突然間覺得眼前的這位「公主」可愛至極，我們之間的距離似乎也拉近了很多。其實，人與人之間的交流就是如此簡單，相互了解與信任會為不同國度、不同民族的人們搭起一座堅實而長久的友誼橋樑，或許這

納扎爾巴耶娃一行參觀人民大會堂金色大廳。

就是習近平主席提出的「民心相通」工程的精髓，也是我們這些民間外交工作者一生矢志不渝的職責與使命。

在我「今天」的故事即將結束之時，我想我與哈薩克斯坦「明天」的故事也才剛剛開始。就在今天，二〇一五年六月二十六日，我會與哈駐華使館又成功舉辦了「哈薩克斯坦的今天與明天」圓桌會議。與會者深入探討了納扎爾巴耶夫總統提出的「二〇五〇國家發展戰略」和「光明之路」新經濟政策及其與「一帶一路」規劃的互補性，共同展望兩國及兩國關係的美好未來，也看到在不久的「明天」哈薩克斯坦人民在納扎爾巴耶夫總統的領導下將不斷創造新的輝煌！而在我們的今天與明天裡，那些曾走進我們生命的人和事，將與即將源源不斷走進我們生活的那些人和那些事一起，鑄造我們共同的美好的明天。

哈薩克斯坦，我為你祝福！

中國醫生和我的病友

柳‧斯拉斯季希娜

（哈薩克斯坦俄語和文學教師）

　　我懷著巨大、真誠的愉悅之感來講述我與中國的相遇。為什麼呢？我希望自己心中的感激之情能夠被人傾聽，這是我向中國朋友們公開道謝的一個機會。

　　我的故事很簡單：二〇一一年我被診斷患了重病，需要進行複雜的手術。而此前不久，我的媽媽過世了。她病得很重，而我因忙於照顧她，卻忽視了自己的疾病。

　　記得當我坐下來陷入沉思那個時刻，我儘力控制住自己，以便作出一個正確的決定。我不想在哈薩克斯坦做手術，因為在我看來，不應該讓親友們知道我的病情。那該怎麼辦呢？此時，我想起了在烏魯木齊的一個熟人。他總是說，如果身體有什麼毛病，或許可以在中國治癒。我想，是啊，在醫學方面中國有著古老的傳統，而且具有公認的高水平醫療服務。於是，我迅速收拾行李，立即飛往烏魯木齊，不給自己留下反悔的時間。

　　我飛向一個陌生的國度，在那裡，除了薩

本文作者斯拉斯季希娜

沙──我的朋友，我誰也不認識，不懂語言，甚至不能獨立求助。臨行前，幾個與中國有業務聯繫的阿拉木圖人把他們在烏魯木齊的朋友們的電話號碼給了我，並且確信那些人一定會幫忙。

就這樣，素不相識的人開始與我機緣相投。隨時陪伴我的，是中國人的善良和同情心。薩沙幫我選擇了醫院，我與王大夫進行了溝通，他很快就作出了診斷。只是後來才知道，我是多麼幸運！這是一位高水平、經驗豐富的外科醫生，他既細心又能體貼人，並且對所有的病人都一視同仁。

二〇一一年十二月底，醫院給我做了手術。手術持續了好幾個小時，做得很成功。有關勤勞敬業的護士們，嚴密的醫療程序及治療的專業氛圍，我

可以說很多很多。令人驚訝的是，醫院科室的工作組織得那麼井井有條，以致於沒有一個病人受到忽視。但特別讓我感動至深，並促使我要寫一寫的，是同病房女友們那令人感動、友善的態度。我甚至沒有察覺，她們常陪我在一起，雖然她們每個人都有自己的親朋好友，有相當棘手的問題。手術後，我完全處在孤獨無助的狀態。但是，同病房的病友們一看到我的嘴唇乾了，就馬上給我潤濕；一看到我需要翻身、調整枕頭，立刻就過來幫忙。這種並非強求的耐心關愛給了我力量——我並非一個人。

後來，我們一起說笑，談論男人，當然是使用手勢和面部表情。順便提一下，我明白了，中國男人的缺點與我們哈薩克斯坦的男人一個樣！就這麼回事，都需要對他們進行教育、再教育。

我們的幽默感很契合。我是剛一睡醒就要塗口紅，病友們也是立馬就開始打扮自己。有關的話題，用幾個小時都述說不完，我們是多麼相似啊！

現在說一件最感動的事。有一次我發神經，邊哭邊可憐自己，無法忍受了！為了不打擾別人，我到離病房稍遠一點的地方哭泣。而細心的病友們正在悄悄地為我焦急不安。突然，王大夫出現在眼前，看了我一眼就消失了。到了晚上，一群探視者魚貫而入，帶著水果、鮮花等東西來到我面前。這些我只見過一次的人們來到我跟前，對我說著鼓勵的話，並開玩笑逗趣兒。我不懂中文，但我明白，這些人非常關心我，並把我記掛在心裡。難道能忘

掉這些嗎？我不能忘記薩沙像兒子一樣熱心地照顧我，而他的妻子用某種特別的方式為我洗頭。還有，因我術後的刀口長得挺好，王大夫是多麼高興呀！

當我離開醫院去機場時，正值深夜，我盡量不吵醒別人。但當我走到病房門口時，我的病友們都起來了，並且不顧我的反對，硬要送我到電梯口。我們相互擁抱、親吻——我們彼此理解。

「最重要的東西不是靠眼觀，而只能用心來感受」。面對著真摯、友愛和坦誠，我的心扉敞開了，正是這些東西助我病癒，繼續工作並享受生活！

謝謝所有人，那些我在烏魯木齊遇到的人們，特別是薩沙和王大夫。

我想，我們兩國人民之間的友誼大廈，正是用一個個平常交往的故事這樣的小小磚塊來築成。我和中國相識的故事就是這樣！對我來說，這好極了，雖然引起這個故事的由頭不太好。

我與中國的故事

亞‧安德烈耶夫

（哈薩克斯坦古米列夫大學東方學系學生）

「讓我們攜起手來，弘揚傳統友誼，共創美好
未來。」

——習近平

　　清晨，我一覺醒來，腦子裡出現的第一個念頭
就是：「今天有中文課，這意味著我距離自己的目
標又近了一小步。」這種念頭總是賦予我力量，於
是我以愉悅的心情去洗漱。穿戴整齊，吃過早飯，
我去大學上課。

　　天氣令人不爽，下著討厭的雨，許多路人為此
臉色陰鬱。他們中誰都不明白，為什麼我走在路上
面帶微笑；他們中誰都不知道，是什麼事情讓我振
奮。我很想與整個世界分享我好心情的祕密，但我
怕不是所有的人都能理解。

　　在學校裡，我總是高高興興地完成老師布置給
我們的全部作業。一想起今天晚上在孔子學院還有
課，我就變得更加快樂。很多人不明白是什麼讓我
如此狂熱，為什麼我如此迷戀學習中文？我覺得，
就連你們也暫且不明就裡。但我想，當讀完這篇有

關我與中國的故事，你們就會理解我了。

今年夏天，我成為幸運者之一，得以參加孔子學院夏令營項目。不用說，我的確是個幸運者，因為我終於有可能把大學裡所學的知識派上用場，可以更好地了解現代中國社會，埋頭於中國人民的傳統和歷史。

我們的旅行始於阿拉木圖機場，孔子學院的老師們陪伴我們。當飛機的起落架在烏魯木齊接觸到中國的土地，這是一種無與倫比的感覺。但這座城市我們只是路過，過兩個小時我們的團隊又起飛了，飛向中國的地理中心——蘭州市。

我們乘坐大巴車從機場抵達當地大學。雖然走了相當久，但時間不知不覺就過去了，因為我們對所有的一切都感興趣，包括中國的大自然。

在學校裡，我們受到了貴賓般的接待，他們為我們安排了最好的房間。稍事休息後，我們去參加歡迎儀式，之後，便去了一個非常好的餐廳用餐。當我們行進在路上的時候，我一直在開動腦筋，試圖記住任何一個細節。

在餐桌上，為了感謝學校工作人員的熱情接待，我平生第一次試圖用中文說出自己的祝酒詞。現在我明白，當時說的不全對，但是「乾杯」一詞說得很有自信，老師們很驚訝。接下來的幾天裡，我去上課，在課堂上學到了很多新東西。但是，在與中國民眾的直接接觸中，我獲益更多。

我的第二個收穫是：我覺得，所有的中國人都

很友好，所有的人都盡量與我交談。最重要的是，如果我說得不對，他們不是嘲笑我，而是很耐心地解釋應當怎樣正確地表達。

幾天以後，我們去了學校的另一個教學樓。中國學生們正在學習俄語。在那裡，我遇到了如今我最好的中國朋友，他叫王傑。後來當我們回到旅館的時候，王傑到我房間來做客。我們每天都見面，可以說，我從他那裡學到的東西，比在任何一個老師那裡學到的都多。而最主要的是，我學會了感知中國。他甚至不需要用俄語向我解釋，甚至那些並不明白的中文，以及他說的一半我聽不懂的話，都不妨礙我領會其中的實質。很難用語言來表達，我是用什麼方式理解王傑。但自從結識了這位大學生，我開始用全然不同的方式看待中國。我確定了自己人生的目標，就是建立我們兩國人民間的友好關係。我甚至不能想像，要是沒有中國，我的生活

安德烈耶夫在中國。

會是什麼樣子……

　　時光飛快流逝，我們離開蘭州去鄭州。臨行的前一天，王傑問我：「你有中國名字嗎？」我回答：「沒有。」他說：「你可以自己選一個名字，但我希望你的姓和我一樣，都姓王。」我稍微想了一下，說：「那就叫王龍吧！王傑，你要知道，這回你在哈薩克斯坦有個兄弟了！」他笑了，我們握了握手，便坐上了大巴，駛向車站。後來，我還去了五個城市，但蘭州是我整個旅途中印象最深的一個。

　　現在，每天我都饒有興致地去上中文課，因為我想獲得赴中國學習的機會，接受良好的教育，以便能夠達到自己的目標——發展哈薩克斯坦和中國的友好關係。找到自己目標的人，便是地球上最幸福的人！

　　受外交部老幹部筆會和五洲傳播出版社的委託，由我負責主編「我們和你們」系列之《中國和哈薩克斯坦的故事》（Истории о Китае и Казахстане）一書。這本身就是一件很有意義的工作，加之我對哈薩克斯坦的不解情緣，更感責無旁貸。

　　貫穿該書的一條紅線，就是弘揚絲綢之路精神，傳承兩國人民友誼。當今，在我們雙方加緊對接「絲綢之路經濟帶」建設和「光明之路」戰略規劃的大背景下，編撰出版中哈兩國和人民之間的友好故事（中、俄文版），更有特殊的現實意義。

　　《中國和哈薩克斯坦的故事》文集的一大亮點，就是中哈雙方二十多位作者共同攜手合作，相互補充啟發，更加全面、真實地還原了二十多年來兩國所發生的巨大變化及雙邊關係穩步發展的歷程，歌頌了兩國人民心心相印、親如手足的傳統情誼，為新形勢下中哈全面戰略夥伴關係傳遞正能量。可以毫不誇張地說，其中許多故事凝結著作者長年的心血，充滿了真情實感，頗具可讀性，無疑會對我們兩國年輕一代有著某種借鑑作用。

　　哈薩克斯坦首任總理溫馨地追憶了二十四年來「遠親不如近鄰」的五個重要片斷，從蘇聯解體前夕親自開通第一條哈中「鐵路絲綢之路」，剛一獨立就率領政府代表團訪問中國，作為執政黨領導人與中聯部一起開拓黨際聯繫，到直接參與創立博鰲亞洲論壇、推進歐亞經濟論壇務實合作，不愧為老驥伏櫪，一直在為振興絲綢之路辛勤耕耘。

　　年輕的哈薩克斯坦外交官，走萬里路學萬里，從決定選擇學習漢語到進入外交部工作，致力於推動哈中兩國關係發展，經歷了從初級翻譯到高級翻譯的「戰鬥洗禮」，直至出任共和

國特命全權大使，正所謂「路漫漫其修遠兮」！

　　一位哈國歷史學家，為探尋哈中關係的歷史淵源，到中國歷史檔案館查找史料原件，翻譯整理三千六百多件察合台文、厄魯特文、古滿文、漢文等古董文獻，發掘了「絲綢換馬匹」的古絲路珍貴資料，並填補了本國歷史文化的空白。

　　五〇年代哈薩克北大留學生與中國的故事延續了半個世紀之久，而如今哈國青年的夢想之一就是訪問中國。一位大二學生居然著迷於深奧的儒家學說，而且將中國現代變革的理念脈絡梳理得頭頭是道。她還給翻譯出了難題，稱孔夫子說過君子必備的修身養性等「十七種品德」，我查遍了《論語》並請教專家後才勉強對應譯出。

　　中國外交官則目睹了哈國所發生的翻天覆地的變化，與讀者分享中哈建交談判、邊界問題最終解決、能源外交突破、聯合治蝗大戰、《黃河大合唱》響起以及「亞信」的來龍去脈等親力親為，還披露了哈國獨立之初的一些花絮趣事。如當地民眾乃至官員一時搞不清「大使」為何意，甚至荒唐地將專車上插的五星紅旗誤當作蘇聯國旗而提出「抗議」。

　　駐哈記者以獨有的文筆，見證記錄了哈國獨立後成為中亞明珠這段波瀾壯闊的歷史畫卷、北京奧運聖火在阿拉木圖首站傳遞的空前盛況，還繪聲繪色地描述了漢學家「何老師」濃濃的中國情，以及與「傲慢的柯斯佳」一夜共度兩個元旦的浪漫快感。順便說一下，這位柯斯佳還是旅行家和美食家，幾乎走遍了中國，他寫下的那篇遊記可以讓你大飽眼福。

　　一位年輕外交官在飛赴哈國準備高訪的途中，娓娓道來千年絲路上一段段美麗的傳說，包括張騫兩度出使西域，細君公主、解憂公主和馮夫人等三位命運多舛的女人……當然，重頭

是有幸直接聆聽習近平主席在納扎爾巴耶夫大學發表的重要演講，正是在這兒誕生了「絲綢之路經濟帶」的偉大倡議。

民族問題專家揭秘了哈國「陝西村」的東干人之謎，而中石油的兩位老總和盤托出了中國石油人怎樣成為絲路精神傳承者和築路人的親歷細節：他們敢為人先，與哈國石油人並肩戰天鬥地，完成了「不可能完成的任務」，順利送嫁哈薩克的「管道新娘」，以及一樁樁回饋造福當地社會的動人事蹟……

此書在編撰過程中得到了外交部歐亞司和哈薩克斯坦駐華使館的大力支持。在這裡，我要特別感謝老朋友托卡耶夫議長，他在百忙之中應約撰寫了內涵豐富的序言，為本書增光添彩。要知道，他本人就是親歷見證者，為建立和發展中哈關係、弘揚絲綢之路精神作出了重大貢獻。

最後，再次衷心感謝各位作者、朋友所給予的熱情幫助！

二〇一五年八月六日

一帶一路研究叢刊　AA301005

中國和哈薩克斯坦的故事

作　　　者	周曉沛
版權策畫	李煥芹
責任編輯	呂玉姍
發　行　人	陳滿銘
總　經　理	梁錦興
總　編　輯	陳滿銘
副總編輯	張晏瑞
編　輯　所	萬卷樓圖書股份有限公司
排　　　版	菩薩蠻數位文化有限公司
印　　　刷	維中科技有限公司
封面設計	菩薩蠻數位文化有限公司

出　　　版　昌明文化有限公司

桃園市龜山區中原街 32 號

電話　(02)23216565

發　　　行　萬卷樓圖書股份有限公司

臺北市羅斯福路二段 41 號 6 樓之 3

電話　(02)23216565

傳真　(02)23218698

電郵　SERVICE@WANJUAN.COM.TW

大陸經銷

廈門外圖臺灣書店有限公司

　　電郵　JKB188@188.COM

ISBN 978-986-496-452-9

2019 年 3 月初版

定價：新臺幣 420 元

如何購買本書：

1. 轉帳購書，請透過以下帳戶

　合作金庫銀行　古亭分行

　　戶名：萬卷樓圖書股份有限公司

　　帳號：0877717092596

2. 網路購書，請透過萬卷樓網站

　　網址 WWW.WANJUAN.COM.TW

大量購書，請直接聯繫我們，將有專人為您

服務。客服：(02)23216565 分機 610

如有缺頁、破損或裝訂錯誤，請寄回更換

版權所有・翻印必究

Copyright©2016 by WanJuanLou Books CO., Ltd.

All Right Reserved　　　　　**Printed in Taiwan**

國家圖書館出版品預行編目資料

中國和哈薩克斯坦的故事 / 周曉沛著. -- 初
版. -- 桃園市：昌明文化出版；臺北市：萬
卷樓發行, 2019.03
　面；　公分
ISBN 978-986-496-452-9(平裝)

1.中國外交 2.哈薩克

574.18344　　　　　　　　　　108003192

**本著作由五洲傳播出版社授權大龍樹（廈門）文化傳媒有限公司和萬卷樓圖書股份有
限公司（臺灣）共同出版、發行中文繁體字版版權。**